《南越国宫署遗址出土钱币选录》编委会

主 任

全　洪　陈星灿　朱海仁

副主任

白云翔　冯永驱　韩维龙　陈伟汉　刘　瑞　李灶新

委 员

胡　建　杨　勇　温敬伟　莫慧旋

主 编

李灶新

撰 稿

温敬伟　谭　文　乐新珍　范彬彬　詹小赛

南越国宫署遗址
出土钱币选录

Selection of Coins Unearthed
from Palace Site of Nanyue State

南 越 王 宫 博 物 馆
中国社会科学院考古研究所　编著
广 州 市 文 物 考 古 研 究 院

文物出版社

北京 · 2018

图书在版编目（CIP）数据

南越国宫署遗址出土钱币选录 / 南越王宫博物馆, 中国社会科学院考古研究所, 广州市文物考古研究院编著 . -- 北京 : 文物出版社, 2018.12

ISBN 978-7-5010-5676-7

Ⅰ. ①南… Ⅱ. ①南… ②中… ③广… Ⅲ. ①南越（古族名）—宫殿遗址—古钱（考古）—出土文物—广州—图录 Ⅳ. ① K875.62

中国版本图书馆 CIP 数据核字（2018）第 205682 号

南越国宫署遗址出土钱币选录

编　著　南 越 王 宫 博 物 馆
　　　　　中国社会科学院考古研究所
　　　　　广 州 市 文 物 考 古 研 究 院

责任印制　陈　杰

责任编辑　黄　曲

出版发行　文物出版社

社　　址　北京东直门内北小街 2 号楼

邮　　编　100007

网　　址　http://www.wenwu.com

邮　　箱　web@wenwu.com

经　　销　新华书店

制版印刷　北京雅昌艺术印刷有限公司

开　　本　787 毫米 ×1092 毫米　1/16

印　　张　11

版　　次　2018 年 12 月第 1 版

印　　次　2018 年 12 月第 1 次印刷

书　　号　ISBN-978-7-5010-5676-7

定　　价　198.00 元

序　言

南越国宫署遗址自 1975 年发现南越王宫砖石走道以来，于 1995、1997 ~ 1998 年进行了大面积抢救性发掘，2000 年起经国家文物局批准、由广州市文物考古研究所（今广州市文物考古研究院）、中国社会科学院考古研究所和南越王宫博物馆筹建处联袂组成南越国宫署遗址发掘队对其进行主动性发掘，至 2009 年共发掘面积约 16000 平方米。宫署遗址清理出自秦代以来至民国十三个历史时期的遗迹和遗物，充分表明遗址所在地一直是岭南政治、经济、文化中心，反映了广州两千多年来城市建设发展的历史，也是岭南社会发展的缩影。

这几次考古发掘，清理出历朝历代各类遗迹 4800 多处，田野编号的小件器物 4 万多件号，各种发掘品堆积如山，发掘资料的整理和发掘报告的编写任务之繁重可想而知。虽然如此，为使社会各界尽快了解发掘进展，历次发掘都适时地以简报或报告专刊形式发表了阶段性成果。1998 年广州市政府批准成立南越王宫博物馆筹建处，根据《广州南越国宫署遗址联合发掘议定书》：原始发掘资料包括发掘记录、绘图、照片以及出土器物，应全部归南越王宫博物馆筹建处所有。2008 年底，南越王宫博物馆（第一期）建设工程正式启动，筹建处的工作重心转移到馆舍建设上。2011 年撤销南越王宫博物馆筹建处，正式设立南越王宫博物馆，南越国宫署遗址发掘出土的文物全部入藏南越王宫博物馆。至 2014 年 5 月南越王宫博物馆（第一期）建成全面开放，推进发掘资料的整理和报告编写工作就提上了日程。经广州市文化广电新闻出版局（版权局、文物局）同意，南越王宫博物馆改造原有设施，改善整理场地，为整理和编写发掘报告打下良好基础。

南越国宫署遗址发掘报告的整理与编写工作得到刘庆柱、白云翔、冯永驱、陈伟汉、韩维龙等专家的指导和大力支持，广州市文物考古研究院、中国社会科学院考古研究所和南越王宫博物馆三家考古单位现任领导积极响应，很快达成共识，迅速组成整理工作小组，于 2018 年 5 月拟定整理规划和发掘报告框架，对发掘报告的编写提出大致设想和分工。专家们指出，考古工作者应树立课题意识、时间意识、

为使课题研究早出成果、多出成果，经三方协商，决定由管理遗址、保管遗物的南越王宫博物馆牵头，在编写报告的同时编辑出版若干专题资料图册，形成系列普及读物。

由于发掘出土的历代文物标本数量巨大，器物整理与修复等技术工作十分繁重，编撰出版考古发掘报告所需时间较长，在整理力量和时间受限的情况下，编辑专题图录能够以一种较快捷的方式公布考古工作成果；另一方面，发掘报告力求全面、系统、准确地公布发掘资料，读者群是相对较小范围的专业人士，而图录形式则可将考古文物标本更直观、简明地介绍给公众，可以满足不同层面读者的需求，发挥更大的社会效益。

根据南越国宫署遗址考古发掘资料整理、报告出版工作计划，报告编写以地层年代为纲，以各类遗迹为目，按不同时间段将秦汉到近现代的史迹和相关遗物整理出版，形成南越国宫署遗址考古发掘系列报告集。也就是说，阶段性发掘报告采用遗迹单位分类法编写。这样一来，某些同类的遗物就会分散于不同的发掘报告里，不利于考察同类器物在不同时期的发展演变过程。因此，选择一些专题编辑出版图册，既可与发掘报告形成互补，又能消解读者在不同分册发掘报告里检索同类器物的不便。图录采用功能分类法聚焦于某个专题，对同类遗物进行类型学研究、编排，提供清晰度较高的图片，历来受到文物、历史爱好者的欢迎，也更易为大众接受。

《南越国宫署遗址出土钱币选录》从南越国宫署遗址自 1975 年至 2006 年多次发掘的钱币资料中挑选部分具有代表性的标本汇集成册。经初步整理，南越国宫署遗址出土的各类钱币共计 3318 枚，可以辨识确定钱名的有 2720 枚，本书选录标本共 145 件，其中 10 枚为银锭或银块，其余均为钱币。从时代上来看，最早的为战国货币，主要是秦代、西汉、东汉、新莽、三国、隋、唐、五代十国、北宋、南宋、元、明、清、民国等朝代的流通货币，还有越南后黎朝和西山朝的钱币，其时间跨越约2200 多年。这些钱币从某个侧面反映了广州地区两千年来的社会经济发展状况。

本图册以出土实物为主，介绍南越国宫署遗址钱币的出土及埋藏情况，归纳其种类，试图通过钱币出土层位与历代泉谱对比，结合历史资料，考察广州乃至岭南地区不同历史时期的货币政策及其社会经济和商贸的发展状况，同时也探讨一些历史悬疑问题。然而，这只是做了一些基础工作，汇集资料，提出一些问题，跟认识和解决问题还有相当长的距离。我们希望通过这样的基础工作，为有兴趣的读者提供可资研究和鉴赏的资料。

　　南越王宫博物馆提出分专题编辑出版图录的设想得到众多专家学者和兄弟单位的赞同和支持，得到中国社会科学院考古研究所所长陈星灿研究员、广州市文物考古研究院院长朱海仁研究员的真诚合作。在大家的共同努力下，现在呈现给读者的是《南越国宫署遗址出土钱币选录》，之后还将陆续编辑出版木简、陶文、建筑构件、陶瓷纹饰等等专题图录。我们希望在不久的时间内，南越国宫署遗址有更丰富的成果、更多的出版物奉献给广大读者。

南越王宫博物馆馆长　全洪

2018 年 11 月 8 日

目录

宋 067

元～明 127

概　述

南越国宫署遗址位于广东省广州市中山四路与中山五路交汇处的北侧，地处广州老城中心区。广州地处中国大陆南部，南邻南海，西江、北江和东江在此汇流出海。广州城区位于珠江三角洲北部边缘的平原向丘陵过渡地区，北面有白云山和越秀山，岗峦起伏。东面为起伏平缓的山岗台地，西面紧邻流溪河冲积形成的广花平原、河汊纵横。珠江在市区的中部和南面贯穿而过，向东再转南过虎门入海。

一　历史沿革

秦始皇三十三年（公元前 214 年）统一岭南，置桂林、南海、象三郡，南海郡治番禺，即今天的广州，为广州信史记载的建城之始。公元前 203 年，赵佗建立南越国，以番禺为都城，奠定了广州在岭南地区中心城市的地位。西汉武帝元鼎六年（公元前 111 年）灭南越后，分其地为南海、苍梧、郁林等九郡，番禺仍为南海郡的郡治。西汉元封五年（公元前 106 年）设交趾刺史部，统察九郡，治所在交趾龙编（今越南河内）。东汉末年，将交趾刺史部改称交州刺史部，并迁治广信（今广西梧州）。三国东吴黄武五年（公元 226 年），孙权"分交州置广州"[1]，以番禺为州治，广州之名始于此。两晋、南朝时期，广州一直是州（梁、陈两朝为都督府）、南海郡、番禺县的治所。隋时，广州为总管府、南海郡治。唐代，广州为都督府（总管府）和岭南东道治地。唐末，刘龑据有岭南称帝，建立南汉国，定都广州，改广州为兴王府。宋代，广州为广南东路和广州治地。元时，为广东道和广州路治地。明清时期，广州为广东布政司和广州府治地。1918 年，广州以省会设市，成立广州市政公所，这是广州市建制之始。

自秦以来，广州一直是岭南地区的政治、经济、文化中心和重要的对外贸易港口，曾一度成为南越国、南汉国政权的都城所在地，历史文化积淀深厚。

①《三国志·吴书·吴主传第二》第 1133 页，中华书局标点本，1975 年。

二 遗址发掘概况

南越国宫署遗址最早发现于 1975 年，其发掘大致可分两个阶段：第一阶段是从 1975 年至 1998 年，为配合城市基本建设进行的抢救性发掘；第二阶段是 2000 年至 2009 年，为在原广州市儿童公园内进行的有计划、按步骤的主动性发掘。

1975 年，在市区中山四路西段进行考古发掘，在遗址最下层发现了规模宏大的秦代造船遗址，伴出有秦"半两"铜钱[2]。

1988 年，在中山四路与北京路交汇处的新大新公司建筑工地地下 7 米深处发现一座用南越国长方砖铺砌的斗状水池遗迹[3]。

1994 年，广州市文化局计划引进外资在秦代造船遗址南面兴建信德文化广场，建设前在遗址西、北、东面开挖 3 条探沟，证实遗址有 3 个平行排列的造船台。

1995 年，广州市文物考古研究所在中山四路忠佑大街城隍庙西侧的广州市电信局建筑工地进行抢救性考古发掘，发掘面积 450 平方米，清理出南越国宫苑的一座大型石构水池。在水池石板之下的遗迹中出土有汉初的八铢"半两"铜钱，在水池淤积土中出土有汉文帝时期的四铢"半两"铜钱，这对确定南越国宫苑的建造时代具有重要意义。1997 年，在石构水池南面的信德文化广场建筑工地进行发掘，发掘面积 3200 平方米，清理出一条长约 160 米的南越国曲流石渠遗迹。遗迹现象表明，该石渠与石构水池应是连通的，是南越宫苑的重要园林水景遗迹[4]（图一）。

1996 年 5~6 月，在忠佑大街东侧的红旗剧场工地进行考古发掘，清理出五代十国南汉国内宫的池苑遗迹。8~11 月，在南越国石构水池西侧约 20 米的原清代儒

图一 南越国宫苑曲流石渠遗迹

② 广州市文物管理处等：《广州秦汉造船工场遗址试掘》，《文物》1977 年第 4 期。

③ 全洪：《广州市中山五路南越国建筑遗迹清理简报》，《广州考古五十年文选》第 366~373 页，广州出版社，2003 年。

④ 南越王宫博物馆筹建处、广州市文物考古研究所：《南越国宫苑遗址 1995、1997 年考古发掘报告》，文物出版社，2008 年。

⑤广州市文物考古研究所、南越王宫博物馆筹建办公室：《广州市南越国宫署遗址1995~1997年发掘简报》，《文物》2000年第9期。

良书院处进行考古发掘，发掘面积约110平方米，清理出一口南越国王宫的食水砖井，结砌精巧[5]。

自2000年至2009年，由广州市文物考古研究所、中国社会科学院考古研究所、南越王宫博物馆筹建处组成联合考古队对南越国宫署遗址（原儿童公园）进行主动性发掘，共计发掘面积约11000平方米，发掘出南越国的一号和二号宫殿、一号廊道和砖石走道、宫城北宫墙、渗水井和食水砖井以及五代十国南汉国的一号、二号宫殿基址等重要遗迹（图二）。此外，还发掘有汉、晋、南朝、隋、唐、宋、元、明、清和民国等历史时期的文化遗存（图三）。表明这里不但是南越国和南汉国的都城和王宫所在地，也是秦统一岭南以来历代郡、县、州、府的官署所在地，是广州作为岭南地区政治、经济、文化中心和南海海上丝绸之路持续繁荣的重要历史见证。

图二　南汉国二号宫殿基址

图三　清代广东布政司署遗迹

1995年、1997年南越国宫苑遗址这两次发掘均被评为当年的"全国十大考古新发现"。1996年，南越国宫署遗址被国务院公布为全国重点文物保护单位。2005年，被国家发改委、国家文物局列入"'十一五'期间国家重要大遗址保护专项"。2006年，由南越国宫署遗址、南越国木构水闸遗址和南越王墓组成的"南越国遗迹"被国家文物局列入"中国世界文化遗产预备名单"。2011年，被世界历史遗址基金会公布为"2012年世界遗址观察名单"。2012年，由南越国宫署遗址、南越文王墓等6处史迹组成的广州海上丝绸之路史迹被列入"中国世界文化遗产预备名单"。2016年，南越国—南汉国宫署遗址被列入"海上丝绸之路·中国史迹"申报世界文化遗产首批遗产点名单。

三 地层堆积

南越国宫署遗址以1995年、1997年、2000~2009年三次发掘最为重要。通过发掘得知，遗址的文化层堆积普遍厚5~6米。现以这三次发掘的探方地层为例介绍遗址的地层堆积情况（表一）。

（一）1995年南越国石构水池遗迹地层堆积

在正式发掘前，现地面以下约4米的唐宋以后的土层已被施工单位用机械挖去。根据现场残存的地层，按土质土色的不同可分为6层。

扰土层（第①层）：为工地机械挖土后留下的扰动土层。

南朝时期地层（第②层）：红褐色土。出土有青釉罐、碗、盏和莲花纹瓦当等。

东晋至南朝早期地层（第③层）：土色灰黑，夹杂大量贝壳。出土大量的青釉罐、碗、盏、器盖等。

晋代地层（第④层）：灰黑色淤土，含大量炭屑，土质细腻。出土有青釉瓷器和酱釉陶器残片以及"大泉二千"铜钱等。

汉代地层（第⑤层）：可分成a、b两层。

⑤a层：灰黑色土，含大量木屑。出土有"五铢""货泉""大泉五百""大泉二千"铜钱等。

⑤b层：黑褐色淤土，土质较纯。出土有"货泉""大泉五十"铜钱等。

南越国灭亡后形成的废弃堆积层（第⑥层）：红褐色土。出土有"万岁"文字瓦当和"半两"铜钱等。

第⑥层之下为南越国石构水池遗迹（又名蓄池，编号为95PC），在池壁和池底之上有一层淤沙，是水池使用过程中形成的堆积。出土有"万岁"文字瓦当和"半

地层年代	石构水池遗迹发掘区（1995 年）	曲流石渠遗迹发掘区（1997 年）	原儿童公园发掘区（2000~2009 年）
现代	①	①	①
近代 ~ 晚清	—	—	②
清代	—	—	③
明代	—	②	④
元代	—	③	⑤
南宋	—	④ a、④ b	⑥
北宋	—	④ c、④ d	⑦
五代南汉国	—	97GC ①、97GC ②	⑧、⑨
隋 ~ 唐	—	⑤	⑩
晋 ~ 南朝	②、③、④	⑥、⑦	⑪
汉	⑤ a、⑤ b	⑧、⑨	⑫
西汉	⑥	⑩	⑬
南越国	—	⑪	⑭
秦	—	—	⑮

表一　各发掘区地层关系对应表

两”铜钱等。

（二）1997 年南越国曲流石渠遗迹地层堆积

遗址发掘前，现地表以下约 2.5 米的土层已被施工单位用机械挖去。挖土后残存的地层，按土质土色的不同可分为 11 层。

扰土层（第①层）：为工地机械挖土后留下的扰动土层。

明代地层（第②层）：灰褐色土，土质疏松。出土有大量的青花瓷片。

元代地层（第③层）：褐色土，土质较致密。出土有青釉碗和“枢府”铭款卵白釉盘等。

宋代地层（第④层）：可分成 a、b、c、d 四小层。

④ a 层：为南宋时期地层。红褐色土，土质紧密。出土有青釉碗和青黄釉盆、罐等。

④ b 层：北宋晚期至南宋时期地层。灰褐色土，夹杂有较多的贝壳。出土有“皇宋通宝”“元丰通宝”铜钱等。

④c层：北宋地层。青灰色土。出土有"至道元宝""景德元宝""元祐通宝"铜钱等。

④d层：北宋早期地层。灰色沙土，夹有红烧土颗粒。出土有青釉、青白釉碗和"乾亨重宝"铅钱等。

④d层下发现五代南汉国宫苑的大型水池（编号97GC），水池内淤积层出土有"乾亨重宝"铅钱等。

唐代地层（第⑤层）：灰黑色土，夹有较多的炭屑和贝壳。出土有"开元通宝""乾元重宝"铜钱等。

晋南朝地层（第⑥层）：灰褐色土。出土有青釉碗、盏和"五铢""大泉五十""货泉"铜钱等。

晋代地层（第⑦层）：灰色土，土质较紧密。出土有青釉四耳罐、鸡首壶和"五铢""大泉五十""货泉""大泉二千"铜钱等。

东汉地层（第⑧层）：灰褐色土，土质疏松。出土有陶罐、盆、壶和"五铢"铜钱等。

西汉地层（第⑨层）：褐色土。出土有"半两"和"五铢"铜钱等。

南越国灭亡后形成的地层（第⑩层）：红烧土，夹有大量的炭屑。出土有"万岁"文字瓦当、"中府啬夫"封泥和"半两"铜钱等。

第⑩层之下为南越国宫苑曲流石渠遗迹（编号97SQ），渠内淤积土可分两层，出土有"半两"铜钱等。

南越国建筑垫土层（第⑪层）：红黄色黏土，土质较纯、致密。该层以下未发掘。

（三）2000~2009年南越国宫署遗址（原儿童公园）地层堆积

从现地表以下保存有民国、清、明、元、宋、五代南汉、唐、南朝、晋、汉、南越国和秦代等历史时期的文化遗存，地层堆积可划分为15层（图四）。

表土层（第①层）：为现代建筑基础和垫土层。出土有民国"十文"铜元等。

近现代和晚清地层（第②层）：发现有侵华日军广东神社、法国领事馆后花园等遗迹。出土有日本陶瓷器，青花和粉彩瓷器，"乾隆通宝""嘉庆通宝""道光通宝""光绪通宝"以及越南后黎朝的"景兴通宝"铜钱等。

清代地层（第③层）：清理出容丰仓和清代广东布政司署东侧附属建筑遗迹等。出土大量的青花、青釉和黑釉瓷器以及"万历通宝""崇祯通宝""永历通宝""洪化通宝""顺治通宝""康熙通宝"铜钱等。

明代地层（第④层）：发掘有明代广东布政司署建筑遗迹。出土有大量的青花

图四　南越国宫署遗址（原儿童公园）
发掘区考古地层剖面

瓷器和"大中通宝""洪武通宝""宣德通宝""万历通宝""崇祯通宝"铜钱等。

元代地层（第⑤层）：发现有多组元代大型建筑遗迹。出土"枢府"铭款卵白釉瓷碗、青瓷器和"天圣元宝""明道元宝""皇宋通宝""至和通宝""嘉祐元宝""元祐通宝""元符通宝""圣宋元宝""宣和通宝""建炎通宝""宋元通宝"铜钱等。在该层下灰坑 H1993 内出土 18 枚银锭和 7 块银块，部分戳印有"陈忠""禹全"等人名。

南宋地层（第⑥层）：发现有多组大型的建筑基址、砖铺走道、排水渠等遗迹。出土有大量的青瓷器和"淳化元宝""皇宋通宝""至道元宝""天禧通宝""治平元宝""绍圣元宝""崇宁元宝""宣和通宝""绍兴元宝""淳熙元宝""宣和通宝"铜钱等。

北宋地层（第⑦层）：发现有多组大型的建筑遗迹。出土有"大吉"文字瓦当、三彩琉璃塔和大量的青瓷器、青白瓷器以及"宋元通宝""淳化元宝""咸平元宝""景德元宝""祥符通宝""天圣元宝""至和元宝""嘉祐通宝""熙宁元宝""熙宁重宝""元丰通宝""圣宋元宝""政和通宝"铜钱等。

南汉地层（第⑧、⑨层）：发现有五代南汉国的宫殿、廊庑和水池等遗迹。出土大量施青釉、绿釉、黄釉的砖瓦以及"开元通宝"铜钱和"乾亨重宝"铅钱等。

唐代地层（第⑩层）：清理出多组建筑基址和铺砖走道等遗迹。出土有青瓷器、白瓷器和黑釉陶器以及"开元通宝""乾元重宝"铜钱等。

晋南朝地层（第⑪层）：发现有大型的建筑院落、水井和地下排水渠等遗迹。出土有青釉和酱釉陶瓷器以及"五铢""大泉五十"铜钱等。

汉代地层（第⑫层）：发现有水井和砖砌排水渠等遗迹。出土有东汉"万岁"文字瓦当、云纹瓦当和"半两""五铢""货泉""大泉五十"铜钱等。

南越国地层（第⑬、⑭层）：发现有南越国一号宫殿、二号宫殿、廊道和宫城北城墙基址，还有食水砖井、渗水井等重要遗迹。出土有"万岁"文字瓦当、"华音宫"铭款陶器盖、"殿中"封泥和"半两"铜钱等。

秦代地层（第⑮层）：发现有秦代造船遗迹和石砌护岸遗迹。出土有"半两"铜钱等。

四　钱币的出土情况

（一）埋藏情况

南越国宫署遗址出土的钱币，包括铜钱、铅钱、银锭、铜元等，有的出土于遗址地层，有的出土于房址、灰坑、沙井、水井、走道等遗迹中，但大多比较分散，应是使用过程中遗落下来的。值得注意的是，1997年在南越国回廊建筑遗迹出土的一堆"半两"铜钱，2003年在南越国宫署遗址（原儿童公园）出土的串联整齐的"乾亨重宝"铅钱以及2006年元代窖藏银锭的出土情况比较特殊。

1997年在发掘南越国宫苑曲流石渠西侧的回廊建筑基址时，在建筑倒塌后的废弃堆积（第⑩层）中，散落有大量的"半两"铜钱，这些铜钱大多已被大火烧结成块，其中还伴出一枚"中府啬夫"封泥（图五、图六）。由此可知，这应是一批封缄好的南越国国库钱，因汉武帝元鼎六年（公元前111年）汉兵攻败越人，纵火烧番禺城时而毁弃于此。经整理，这批铜钱大多因粘结成块而无法分离，能分离出来的112枚铜钱中，有1枚为战国齐国的"赒化"钱，11枚为汉初的八铢"半两"钱，100枚为文帝的四铢"半两"钱。余下黏结一起无法分离的铜钱重约2350克。

2003年在南越国宫署遗址（原儿童公园）南部第⑦c层下清理出一组南汉时期的建筑磉墩（编号F115）。磉墩用砖包砌，砖内由一层红黄色黏土、一层碎砖瓦片相间夯筑而成，每层厚5~8厘米。其中在F115-1#磉墩的最底层放置有一串"乾亨重宝"铅钱（图七），因锈蚀严重且粘连在一起，无法分离统计具体数量。在建筑内放置钱币，或与"压胜""镇宅辟邪"等风俗有关。

2006年在南越国宫署遗址（原儿童公园）北部第⑤层下发现一元代灰坑（编号H1993），平面呈圆形，圜底，口部直径13.5、深12厘米。坑内上部填有粉末状花土，土质疏松，下部埋藏两个口部相扣的黄陶碗。碗内放置有18枚银锭、7件银块，总重1321.58克（图八）。银锭呈束腰形，锭面微内凹或略平，有水波纹，侧面有蜂窝状气孔，底部略平或圜形。大部分银锭表面戳印有人名铭款，其中戳印"何圣"铭款4枚、"陈忠"1枚、"禹全"1枚、"梁孙"1枚、"天华"1枚，另有6枚的铭款字体模糊难以识读。银块呈圆饼形或扇形，其中1件圆饼形银块表面模印有"璇"字铭款，其余6件扇形银块的两直边均有切割痕。盛放银锭的陶碗敞口、弧腹、圈足，其中下部的碗口直径10.4、高3.4厘米（图九）。上部倒扣的碗口直径10.1、高3.2厘米。

（二）钱币的种类

南越国宫署遗址经过多次的发掘，经初步整理，除了银锭和一些锈结严重无法统计个体数量的外，出土的各类钱币共计3318枚，其中可以辨识确定钱名的有2720枚。

这些钱币除了五代十国南汉国的"开元通宝""乾亨重宝"和南唐国"唐国通宝"为铅钱，其余的均为铜钱或铜元。从时代上来看，最早的为战国时期，主要包

图五 南越国宫苑曲流石渠遗迹"半两"铜钱和"中府啬夫"封泥出土现场

图六 "中府啬夫"封泥

图七 F115内1#磉墩内出土的"乾亨重宝"铅钱

图八 H1993内出土的银锭、银块及陶碗

图九 用于盛装银锭和银块的陶碗

括秦代、西汉、东汉、新莽、三国、隋、唐、五代十国、北宋、南宋、元、明、清、民国等朝代或农民起义政权临时发行的货币，还有越南后黎朝和西山朝的钱币，其时间跨越约2200多年。

在这批钱币中，根据钱文的不同，可分为77种不同的类型，其中又以北宋时期的钱币种类最多，共有31种。从数量上分析，最多的为唐代"开元通宝"铜钱，有838枚，其余数量较多的有南汉"乾亨重宝"铅钱401枚、清代"乾隆通宝"铜钱232枚、秦汉"半两"铜钱161枚和汉代"五铢"铜钱143枚。

五　南越国货币的流通与管理

关于南越国是否有自铸货币，钱币是否成为岭南地区的流通货币等问题，已有学者根据以往的考古发掘成果从多个方面进行过探讨。目前学术界普遍认为南越国没有铸造发行自己的货币，秦和汉初"半两"钱是南越国境内的流通货币，但铜钱在南越国的商业贸易中作用有限，社会经济仍处于以物易物为主的阶段[6]。1997年在南越国宫苑曲流石渠西侧的回廊建筑基址中发现一批伴出有"中府啬夫"封泥的"半两"铜钱，在探讨南越国货币的流通与管理方面提供了新的资料。

一是反映南越国流通领域使用的货币。关于秦代和汉初法定货币，有学者研究认为，秦朝前、中期实行三币制，即铜钱、布（即缯布）和黄金。秦末汉初改为二币制，即行钱和行金，布不再作为法定货币，而是作为一种标准性商品进入商品流通领域[7]。南越国的货币制度是否如政治制度一样，沿袭秦汉之制呢？考古资料表明，南越国仿效秦末汉初之制实行二币制，即铜钱和黄金是其流通货币。目前岭南地区发现秦代和南越国时期的遗址和墓葬中，出土的铜钱有"赋化"钱和"半两"钱两种。"半两"钱在南越国宫署遗址共计出土161枚，主要出土于秦代和南越国地层。《广州汉墓》中属于南越国时期的182座墓中，有6座墓共计出土"半两"钱291枚[8]。1987年在粤北乐昌市对面山发现了191座春秋战国至秦汉时期的墓葬，出土有秦"半两"钱[9]，墓地西北距洲仔秦汉城址约1千米，或与秦汉时在此设乐昌县有关。广西发现属于南越国时期的墓葬中，只有平乐银山岭墓群中的一座墓发现有5枚"半两"钱[10]。可见，半两铜钱是南越国的流通货币。秦始皇统一中国后，废除六国铸行的货币，统一以"半两"钱为法定的流通货币。南越国宫署遗址出土1枚"赋化"钱，这或与秦的统一货币政策执行不彻底有关。此外，在广西罗泊湾2号汉墓中还出土一块重239克的圆形金饼，正面刻有"一××Ⅲ"符号[11]。有学者认为该金饼上刻的为数字符号，可译成1553号，是指金饼铸造数码或是入库时所刻划的编码[12]，可见黄金也是南越国的流通货币。

⑥广州市文物管理委员会、中国社会科学院考古研究所、广东省博物馆：《西汉南越王墓》，第348~349页，文物出版社，1991年。

⑦罗运环：《中国秦代汉初货币制度发微——张家山汉简与睡虎地秦简对比研究》，《武汉大学学报（人文科学版）》2012年第6期。

⑧广州市文物管理委员会、广州市博物馆：《广州汉墓》第157~159页，文物出版社，1981年。

⑨广东省文物考古研究所等：《广东乐昌市对面山东周秦汉墓》，《考古》2000年第6期。

⑩广西壮族自治区文物工作队《平乐银山岭汉墓》，《考古学报》1978年第4期。

⑪广西壮族自治区博物馆：《广西贵县罗泊湾汉墓》第110页，文物出版社，1988年。

⑫黄启善：《广西汉代金饼初论》，《广西金融研究》1997年第11期。

二是反映了南越国的财政收入管理。根据《睡虎地秦墓竹简》："官府受钱者，千钱一畚，以丞、令印印。不盈千者，亦封印之。钱善不善，杂实之。出钱，献封丞、令，乃发用之。百姓市用钱，美恶杂之，勿敢异。"[13]秦代对官府财政收入的货币包装、封缄，支出时的验视与启封，以及对货币的择取等方面均有严格的规定。从南越国宫署遗址发现的这批铜钱埋藏情况和伴出"中府啬夫"封泥来看，正是南越国承袭秦有关货币管理制度的重要实例。中府是掌管天子或诸侯钱财宝货的机构。《史记·田叔列传》记载："鲁王闻之大怒，发中府钱，使相偿之。"正义："（中府）王之财物所藏也。"《汉书·东方朔传》也记："主因推令散财交士，令中府曰"，师古注："中府，掌金帛之藏者也。"啬夫在这是指主管财货的官吏。由此可知这批铜钱原来是用蒲草或竹篾编制而成的畚盛装绑扎好，经掌管财政的官员检验封印"中府啬夫"封泥后收入南越王国库的。可惜在汉武帝元鼎六年（公元前111年）汉兵攻陷南越国都番禺纵火烧城时，这畚铜钱大部分已被大火烧结成块，用来盛装铜钱的畚更是烧成灰烬，畚的具体形状也难以考究。从这堆烧结的铜钱分离出来的112枚铜钱中，既有战国的"赀化"钱，也有汉初的八铢"半两"钱，更多的是文帝时期的四铢"半两"钱。不但铜钱的种类较杂，"半两"钱的形制、大小、轻重等也是参差不齐，可谓是"美恶杂之"，正是秦《金布律》所说的"钱善不善，杂实之"的真实反映。

六　钱币反映了广州地区两千年来社会经济发展状况

南越国宫署遗址保存完整的地层可分为15层，其中有些地层还可分若干亚层。这些地层或遗迹单位出土的钱币与历史文献记载相互印证，记录了广州城市两千多年来的发展历程以及本地区社会经济发展的状况。

（一）秦汉时期

据《史记·秦始皇本纪》记载，秦于公元前219年统一六国后进军百越，于公元前214年统一岭南，设桂林、南海、象三郡，其中南海郡郡治番禺（即今广州）。公元前203年，原秦将赵佗据有岭南建立南越国，以番禺为都城。后来，赵佗接受汉朝册封为南越王，臣属于汉，并仿效秦汉制度置郡县、设百官、推广汉字，使用秦汉"半两"钱作为南越国的流通货币。南越国宫署遗址的南越国地层和遗迹中出土的"半两"钱，正是岭南地区统一于秦和汉初中央政权之下实行的货币政策的真实反映。

公元前111年，汉武帝灭南越国，分岭南地区为九个郡，番禺仍为南海郡郡治。

⑬睡虎地秦墓竹简整理小组：《睡虎地秦墓竹简·秦律十八种·金布律》，第55页，文物出版社，1978年。

经历汉越这场战争，番禺的城市政治地位下降，从王国的都城变成汉朝郡县的治地，人口锐减，社会经济发展一度停滞不前。据《广州汉墓》的情况，西汉早期即南越国时期的墓葬共182座，西汉中期明显减少至64座，西汉晚期更是只有32座。经过一段时间的休养生息之后，社会渐趋稳定，人口有所增长，经济得到恢复，这在《广州汉墓》中东汉早期的墓葬有41座，东汉晚期墓葬增加到90座的情况得到印证[14]。随着本地区社会经济恢复、人口增长和广州地位的日益重要，为进一步加强对岭南地区的控制，东汉建安十五年（公元210年）交州刺史步骘"以越城久圮，乃廓番山之北为番禺城，后又迁州治于此，自是不改。"[15]三国黄武五年（公元226年），东吴孙权更是"分交州置广州"[16]，进一步加强了广州在政治、经济上的地位。南越国宫署遗址汉代地层出土较多的"五铢""货泉""大泉五十""大泉五百""大泉二千"铜钱等，正是广州地区在汉武帝汉灭南越国之后至三国时期，社会经济和商贸从停滞到恢复发展的反映。

（二）晋南朝时期

西晋虽然统一全国，但没有铸钱的记载。受时局影响，六朝时期岭南地区流通的货币十分混乱，商品货币经济受到较大影响。南越国宫署遗址是晋、南朝时期广州都督府和刺史署所在地，遗址地层和遗迹出土的铜钱数量较少，主要是汉代的"五铢""大泉五十"和三国东吴的"大泉五百""大泉二千"铜钱等。广州市区及近郊发掘的晋、南朝墓中，发现有铜钱的墓葬也比较少，出土的铜钱主要也是汉代和三国时期的"五铢""货泉""大泉当千""大泉二千"等[17]。可见晋、南朝时期本地区作为主要流通货币的铜钱相当缺乏，且以使用旧钱为主，与《隋书》有关岭南地区百姓"多盐米布交易，俱不用钱"的记载相一致[18]。这主要是当时社会动乱，一些世家大族为保障自身安全和利益，通过兼并大量土地，发展形成自给自足的庄园经济，致使百姓多用谷、帛互相交换所需物品，商品经济欠发达的表现。此外，南朝时期政权更迭频繁，币制混乱，也是造成钱币处于辅助地位的重要原因。

（三）隋唐时期

公元581年，隋文帝统一货币，推行"五铢"钱。唐初沿用隋"五铢"钱，武德四年（公元621年）废"五铢"钱，行"开元通宝"钱，标志着自战国以来的"铢两"货币体系的终结。唐朝除铸造"开元通宝"外，还短暂发行过"乾封泉宝""乾元重宝""咸通玄宝"等钱。隋唐两代，国家统一，社会稳定，交通发达，促进了社会生产力的发展和商业繁荣。隋唐以前以实物交换为主的自然经济，逐渐被商品经济所替代，钱币的使用与流通更为广泛。在南越国宫署遗址出土的钱币中，数量

[14]广州市文物管理委员会、广州市博物馆：《广州汉墓》，文物出版社，1981年。

[15]（清）顾祖禹撰，贺次君、施和金点校：《读史方舆纪要·广东二》，第4595页，中华书局，2006年。

[16]《三国志·吴志·吴主传第二》，第1133页，中华书局，1975年。

[17]广州市文物管理委员会：《三年来广州市古墓葬的清理和发掘》；麦英豪、黎金：《广州西郊晋墓清理报道》；广州市文物管理委员会：《广州六朝砖室墓清理简报》，《广州考古五十年文选》，第427～430、674～683、700～708页，广州出版社，2003年。

[18]《隋书·食货志》，第690页，中华书局，1973年。

最多的是"开元通宝"，共有 838 枚，占这批铜钱总数的 30.8%。这主要有两方面的原因，一是与"开元通宝"铸造和流通时间长有很大关系；二是与唐代广州作为岭南地区最大的都市和国际著名的商港，商业贸易繁荣密切相关。汉魏以后，广州的地位日益上升，日渐取代交州成为岭南地区的政治、经济中心。唐"永徽后，以广、桂、容、邕、安南府，皆隶广府都督统摄，谓之五府节度使，名岭南五管。"[19]广州的地位更显重要。"广州地际南海，每岁有昆仑乘舶以珍物与中国交市。"[20]为适应南海海上贸易的发展，开元二年（公元 714 年），唐朝在广州设市舶使，负责监督管理海外贸易事务。开元四年（公元 716 年），唐玄宗又命张九龄主持开凿大庾岭路，使"故以载，则曾不容轨；以运，则负之以背"的崎岖小道变成"坦坦而方五轨，阗阗而走四通"的平坦大道[21]，进一步加强了岭南与中原和海外的交通联系和商业往来。王锷出任岭南节度使期间，利用广州海外贸易发达的优越，"计居人之业而榷其利，所得与两税相埒"[22]，所征的商业税居然与岭南地区所征的户税和田赋税相当，由此可见广州在国内商业的重要地位。为适当商业贸易发展的需要，唐朝政府在各地设监或炉铸造钱币。2000 年在广州市区西湖路广百新翼工地考古发现一处唐代早期的铸钱遗址，出土一批"开元通宝"铜钱和冶铸的铜枝、坩埚、铜渣等[23]。武宗会昌年间(公元 841～846 年)毁铜佛，在昌、京、洛、蓝、襄、荆、越、宣、洪、潭、兖、润、鄂、平、兴、梁、广、梓、益、福、丹、桂等州设坊铸"开元通宝"，钱背注地名。南越国宫署遗址出土注有"越""兴""广"等地名的会昌钱。1994 年在广州市德政中路担杆巷与会同里之间发掘出一座大型的唐代码头遗址，在出土的"开元通宝"铜钱中，不少铜钱背面有月纹符号或"昌""兴""潭""广"等地名[24]。不但证实唐代在广州开炉铸钱，而且表明广州与京都、淮扬、荆襄、江浙、湖湘等地区贸易往来十分密切。

（四）五代十国时期

唐朝灭亡后，中原地区先后建立起后梁、后唐、后晋、后汉和后周五个朝代。在南方则有前蜀、后蜀、吴、南唐、吴越、楚、南汉、闽、南平和北方的北汉等十个割据政权，史上称为五代十国。这一时期战争频繁，社会动荡，政治腐败，财政开支浩大，因铜用不足，这些政权纷纷以铅、锡、铁等贱金属来铸钱，结果造成货币贬值，百姓苦不堪言。后梁贞明三年（公元 917 年），原唐清海军节度使刘岩在岭南建立南汉国，定都广州，升广州为兴王府，铸"乾亨重宝"铜钱，次年铸"乾亨重宝"铅钱，十当铜钱一[25]。南越国宫署遗址考古出土的"乾亨重宝"钱不在少数，但均为铅钱，没有发现铜钱。自新中国成立后，在广州市其他

[19]《旧唐书·地理志四·岭南道》，第 1712 页，中华书局，2002 年。

[20]《旧唐书·列传第三十九·王方庆》，第 2897 页，中华书局点校本，2002 年。

[21]《张九龄开大庾岭记》，（清）阮元主修，梁中民点校《广东通志·金石略》，第 63～64 页，广东人民出版社，2011 年。

[22]《旧唐书·列传第一百一·王锷》，第 4060 页，中华书局，2002 年。

[23]广州市文物考古研究所：《广州市西湖路三国钱币窖藏和唐代铸币遗址》，《羊城考古发现与研究（一）》，第 119～132 页，文物出版社，2005 年。

[24]广州市文物管理委员会考古队：《广州德政中路唐、五代遗址》，《中国考古学年鉴 1995》，第 202～203 页，文物出版社，1997 年。

[25]梁廷楠著，林梓宗校点：《南汉书卷二·高祖本纪》，第 7 页，广东人民出版社，1981 年。

㉖麦英豪：《广州发现南汉铅钱》，《考古通讯》1958年第4期。

㉗邱立诚、李一峰：《广州东山又发现一批南汉铅钱》，《考古》1985年第6期。

㉘黄森章：《广州黄华路发现窖藏乾亨重宝铅钱》，《广州文博通讯》1982年第1期。

㉙全洪等：《广州市东山口发掘西汉至明代水井》，《中国文物报》2006年10月4日。

㉚《南汉"地下钱窖"现身环市东，出土上万枚铅钱》，《南方都市》2007年7月31日。

㉛广东省文物考古研究所：《广州光孝寺五代两宋建筑基址》，《华南考古》第1辑，第265～286页，文物出版社，2004年。

㉜广州市文物考古研究所：《广州市北京路千年古道遗址的发掘》，《羊城考古发现与研究（一）》，第182～196页，文物出版社，2005年。

㉝（清）吴任臣撰，徐敏霞、周莹点校：《十国春秋卷第六十·南汉三·后主本纪》，第863～864页，中华书局，1983年。

㉞杜希德、思鉴：《沉船遗宝：一艘十世纪沉船上的中国银锭》，《唐研究》第十卷，第383～432页，北京大学出版社，2004年。

㉟全洪、李颖明：《印坦沉船出水银锭为南汉桂阳监制造》，《湖南省博物馆馆刊》第十一辑，第421～430页，岳麓书社，2014年。

南越国宫署遗址

出土钱币选录

地点也出土大量的南汉"乾亨重宝"铅钱。如：1953年至1957年在广州市郊区孖鱼岗、黄花岗、桂花岗、西村等四处地方出土共计1200多斤的"乾亨重宝"铅钱㉖。1980年在广州市东山梅花村又出土20多斤的"乾亨重宝"铅钱㉗。1981年在广州市黄华路出土四五百斤窖藏的"乾亨重宝"铅钱㉘。2006年在广州市中山一路与署前路交汇处广州铁路集团公司综合楼基建工地发现18口南汉水井，大部分水井中出土有"乾亨重宝"铅钱㉙。2007年在广州市环市东路与东环路交界处一建筑工地发现的窖藏内出土上万枚"乾亨重宝"铅钱㉚。此外，1999年在广州光孝寺㉛、2000年在广州市北京路千年古道的南汉遗迹和地层中也出土有"乾亨重宝"铅钱㉜。就目前广州市区和近郊出土的南汉"乾亨重宝"钱来看，数量巨大，但均为铅钱，尚未发现铜钱。这或与南汉实行"城以内行乾亨铅钱，城以外行乾亨铜钱，犯禁者罪至死。凡百官俸禄给铜钱者，多出自于上恩焉"㉝有关。上述发现大量"乾亨重宝"铅钱的地方在南汉时已属城外，这与文献记载明显不符。南宋古钱收藏家洪遵在《泉志》里说他费了很大周折才收集到两枚"乾亨重宝"铅钱，而"乾亨重宝"铜钱则"所存至多"。洪遵是江西饶州乐平人，此地在五代十国时先后属吴越和南唐境地。史书所称的内外，并不是指广州城内外，而应是对南汉国而言。可见，南汉国内主要的流通货币是"乾亨重宝"铅钱，南汉国与中原和南方其他政权之间的商贸往来使用的则主要是铜钱。

1997年，在印尼雅加达以北海域发现一艘沉船，出水一批铸有"桂阳监"等字样的银锭和100多枚南汉"乾亨重宝"铅钱㉞。有学者研究认为，这批银锭为南汉桂阳监制造，是南汉国用来支付购买海外蕃货的货款㉟。这反映出南汉国与海外各国贸易使用的主要是金银等贵重金属货币。

（五）宋元时期

宋代统一中国，结束了五代十国割据纷争的局面，随着生产力的进一步发展以及生产关系组织的变化，手工业和商业都有了显著的进步，货币的应用和流通日趋活跃。公元960年，赵匡胤取代后周建立宋朝，承袭后周宝钱制度铸行"宋元通宝"，其后历代皇帝继任，每次改元，基本上都以年号为钱名铸新钱。在《中国古钱谱》中，北宋30种铜钱中有28种为年号钱，南宋铸行的22种铜钱中有19种为年号钱。在南越国宫署遗址出土的铜钱中，北宋铜钱494枚，共有25种帝王或年号钱，南宋铜钱仅42枚，只有7种帝王或年号钱。造成这种北宋和南宋铜钱流通数量巨大落差的原因主要有两个，一是与宋王朝的货币政策有关，二是宋代商品经济发展与铜钱不便交换的矛盾的结果。

北宋王朝虽然统一中国，却无力统一全国币制。先是"蜀平，听仍用铁钱……而铁钱不出境"[36]，将四川地区划为铁钱流通区。其次，为了应付西夏的威胁，在西北地区大量驻军，并发起多次对西夏的战争，大量军需物资和巨额军费支出，铜钱供不应求。天圣四年（公元1026年），朝廷下令"辖下延、渭、环、庆州、镇戎军等五州军……依秦州例入纳粮草，于四川益州支给见钱或交子。"[37]随后在河东也使用铁钱，西北、河东地区被划为铜、铁钱并行区。包括广州在内的东南地区则被划为铜钱流通区。由此，南越国宫署遗址出土数量较多、种类较齐全的北宋铜钱，却没有出土铁钱的现象就很好理解了。

无论是铜钱还是铁钱，它们都是小单位的贱金属货币，当商品经济发展到一定程度时，特别是贸易量较大时，大量货币交换和运输引发的不便，运输过程中对货币征税等问题，就严重阻碍了货币在地区间的流通。交子、钱引、会子、关子等纸币的出现与流通，是宋代商品经济发展活跃的必然结果。最先"蜀民以铁钱重，私为券，谓之交子，以便贸易，富民十六户主之。"[38]这种由民间发行的兑付券——交子，被誉为中国最早的纸币。天圣元年（公元1023年），宋朝正式在益州设交子务，统一经营和管理交子的发行和兑换。其后，交子又逐渐推广至陕西、河东、淮南、京西北诸路地区。为攻打西夏，宋徽宗增发交子以助军费，结果引发通货膨胀。为提高纸币的信用等级，"（崇宁）四年（公元1105年），令诸路更用钱引，准新样印制……时钱引通行诸路，唯闽、浙、湖、广不行。"[39]纸币不但在都市流通，在一些边远地方的墟镇、市集也广泛使用。释道潜在《参寥子诗集·归宗道中》这样写道："农夫争道来，聒聒更笑喧；数辰竞一虚，邸店如云屯，或携布与楮，或驱鸡与豚。"诗中的楮即楮币，因楮树皮可以造纸因而纸币又名楮币。

改交子为钱引后，仍未阻止纸币继续贬值，最终致使交子流通制度衰败。在内外交困之下，北宋灭亡。退避江南的南宋，纸币流通进入急剧扩张阶段。绍兴六年（公元1136年），依四川法造交子。绍兴三十年（公元1160年）"初命临安府印造会子，许于城内外与铜钱并行……东南用会子自此始。"[40]刚开始，会子只是在淮、浙、湖北、京西诸路流通，随后便扩大到除四川以外的南宋全境[41]。南越国宫署遗址出土南宋铜钱数量和品种少，与南宋在全国推行纸币有极大的关系。

此外，南越国宫署遗址出土的南宋铜钱数量较少，与广州作为重要的对外贸易港口，大量金属货币流出境外也有很大的关系。宋代航海技术进步，海上交通更趋发达，朝廷在广州、杭州、明州、泉州等地设市舶司管理海外贸易，并用大量金银

[36]《宋史·志第一百三十三·食货下二》，第4376页，中华书局，1977年。

[37]（清）徐松辑：《宋会要辑稿·食货三六》，第5440页，中华书局，2006年。

[38]（宋）李焘：《续资治通鉴长编卷一百一》，第2342页，中华书局，2004年。

[39]《宋史·志第一百三十四·食货下三》，第4404页，中华书局，1977年。

[40]（宋）李心传：《建炎以来系年要录卷一百八七》，第3129页，中华书局，1988年。

[41]金勇强：《两宋纸币流通的地域变迁与区域差异》，《开封大学学报》2007年第1期。

⑫（清）徐松辑：《宋会要辑稿·职官四四》："初于广州置（市舶）司……咸平中，又命杭、明州置司，听蕃客从便……通贸易，以金、银、缗钱、铅、锡、杂色帛、精粗瓷器、市易香药、犀、象、珊瑚、琥珀、珠……"第3364页，中华书局，2006年。

⑬《宋史·志第一百三十八·食货下七》，第4538页，中华书局，1977年。

⑭国家文物局水下文化遗产保护中心等：《南海Ⅰ号沉船考古报告之二——2014～2015年发掘》，第420～461页，文物出版社，2018年。

⑮《二十四史·明史卷八十一·志第五十七·食货五》，第530页，中华书局，1997年。

⑯《二十四史·明史卷八十一·志第五十七·食货五》，第530页，中华书局，1997年。

⑰徐心希：《清中后期越南铜钱在闽、粤的流通与官府的对策》，《海交史研究》2001年第1期。

和铜钱博买海外的香料和奇珍异宝以满足上层社会需求⑫。铜钱外流造成钱荒，朝廷意识到"以金银博买，泄之远夷为可惜。乃命有司止以绢帛、锦绮、瓷、漆之属博易。"⑬虽然朝廷屡敕令禁止金属货币流出，但从南海Ⅰ号沉船发掘的情况来看，截至2016年1月，共出土金叶子和碎金401克、银铤183件、银铤凝结230块、碎银290千克、铜钱约15000枚⑭，可见民间走私金属货币出境的情况仍屡禁不止。

蒙元入主中原统治中国时，所到之处大肆屠杀和掠夺，使宋代发展起来的手工业和商业受到严重破坏，特别是汉族民间商业一度停滞甚至倒退。元政权自建立之初就推行纸币，世祖中统元年（公元1260年）即下令印制"中统元宝"纸钞，从十文至二贯共九等，不限年月，诸路通行。元代实行以银为本位币制，每二贯纸钞准白银一两，每五十两银为一锭。刚开始印造纸钞时，元政府还以银为本，发行额度有限。后因国用不足，日渐滥发，造钞价大跌，最终变成废纸。元代虽然也曾在世祖、武宗、顺帝三朝铸行过铜钱，但因铜产量不足等原因而难以通行。南越国宫署遗址未见有元代的铜钱出土，仅有25件私铸银锭或银块出土，这正是元代货币制度紊乱、中国币制由钱本位趋向银本位的客观反映。

（六）明清时期

明清时期农业、手工业和商品经济比宋元时期又有了较大的发展，特别是手工业雇佣制度和"行帮""会馆"等新式行会组织的出现，推动江南地区工商业的发展，大量的商品交易，对大币值货币的需求量大。明初曾下令制造"大明宝钞"纸币，"每钞一贯，准钱千文，银一两。四贯准黄金一两。禁民间不得以金银物货交易，违者罪之。"⑮虽然明政府屡次严令通行纸钞，但民间常用金银交易，至明英宗时："弛用银之禁，朝野率皆用银，其小者乃用钱。"⑯白银已成为法定的主币，铜钱变成辅币。清代也基本沿袭明代的货币制度。在南越国宫署遗址清代地层中，除出土有清代制钱外，还出土有少量的"绍平元宝""景兴通宝""光中通宝"等越南钱币。清乾隆以后，尤其是嘉庆、道光年间，东南沿海的闽、粤地区，出现大量的越南制钱。这与东南地区商品经济发展迅速，官制铜钱短缺，民间小额交易不便形成的尖锐矛盾有极大关系。越南铜钱大多质劣轻薄，重量只有中国铜钱的一半，一些不法商人为牟取高额利润，不惜冒险走私越南铜钱进入中国境内，或竞相销毁中国制钱掺和杂质私铸仿造越南铜钱来获利⑰。

南越国宫署遗址近几十年来发掘出土的钱币，不但数量较多、品种丰富，而且有明确的出土地点和层位关系，这对确定遗址地层和遗迹的具体年代，为研究广州城建开发史和岭南地区两千年来经济社会发展提供了新的资料。

◇ 賹化)

賹化圆钱是战国晚期齐国货币，分賹化、賹四化、賹六化三种。"賹"字为朋贝组合，是为钱名，是钱行朋贝之职，以示贵重。"化"通"货"，化为一贝之数，四化为四贝，六化为六贝，十化为一朋。

南越国宫署遗址出土"賹化"铜钱1枚。

战国"赊化"铜钱

钱径 2.46、穿宽 1.05、厚 0.01 厘米　重 2.7 克

有内郭，无外郭，面穿大于背穿，背面素平。
此钱或是秦军统一岭南时从中原携带过来的。
1997 年南越国宫苑曲流石渠遗迹⑩层出土。

 半两

秦始皇二十六年（公元前221年）兼并六国，统一币制。《史记·平准书》记载："及至秦，中一国之币为二等，黄金以溢名，为上币。铜钱识曰半两，重如其文，为下币……然各随时而轻重无常。"秦朝半两钱钱文小篆体，字体端正，笔画粗细均匀，工艺工整，然则重量有较大差异。

汉兴，承秦制，仍用半两钱为流通货币。汉初百废待兴，以"秦钱重难用，更令民铸荚钱"，朝廷法定的榆荚钱重三铢。《汉书·高后纪》记载："二年（公元前186年）秋七月，行八铢钱。"钱文曰半两，重如其文，即八铢钱。

因榆荚钱轻且私铸盛行，孝文帝前元五年（公元前175年）改铸行四铢钱，还吸取之前放铸的经验教训，不允许杂铅锡铸钱，又采取市场检查的方法保证铜钱法定重量的执行。由于地方诸侯和民间大肆铸钱，虽有法而不行，出现"民用钱，郡县不同；或用轻钱，百加若干；或用重钱，平称不受。法钱不立……则市肆异用，钱文大乱"（《汉书·食货志》）的情况，导致四铢半两钱字体笔画和大小轻重极不统一。

根据《汉书·武帝纪》记载，建元元年（公元前140年）改行三铢钱。建元五年（公元前136年）春，又罢三铢钱，行半两钱。至元狩五年（公元前118年）罢半两钱，改行五铢钱。至此，半两钱正式退出历史舞台。

半两钱自秦惠文王时铸行，秦始皇统一中国后作为统一的货币，到汉武帝行五铢钱，经历了两百多年的发展，总的变化趋势是由大而小，然重量则"随时而轻重无常"，但其方孔圆钱的形制为此后两千年中国古代货币的基本形制，影响深远。

南越国宫署遗址出土可辨识钱文的"半两"铜钱共计161枚，另有一堆烧结成块的"半两"铜钱无法统计数量。

秦代"半两"铜钱

钱径 3.07、穿宽 0.75、厚 0.28 厘米　重 12 克

无内、外郭，面穿大于背穿，上有流口。1975
年秦代造船遗址二号船台底层出土。

西汉"半两"铜钱

钱径 2.7、穿宽 0.95、厚 0.08 厘米　重 2.5 克

无内、外郭，面穿大于背穿，制作工艺不甚规整，钱面残留有铜渍。为汉初八铢半两钱。1997 年南越国宫苑曲流石渠遗迹⑩层出土。

西汉"半两"铜钱

钱径 2.9、穿宽 0.81、厚 0.08 厘米　重 1.8 克

无内、外郭，"两"字"从"部写成一横。2003 年南越国宫署遗址（原儿童公园）⑬层出土。

西汉"半两"铜钱

钱径 2.4、穿宽 0.8、厚 0.11 厘米　重 2.75 克

无内、外郭，左下有流口，钱型规整。应为文帝四铢半两钱。1997 年南越国宫苑曲流石渠遗迹 10 层出土。

西汉"半两"铜钱

钱径 2.55、穿宽 0.9、厚 0.1 厘米　残重 2.3 克

有外郭，无内郭，钱文字体笔画纤细，"两"字"从"
部写成一横，钱型规整。为文帝四铢半两钱。1997
年南越国宫苑曲流石渠遗迹⑩层出土。

西汉"半两"铜钱

钱径 2.4、穿宽 0.82、厚 0.1 厘米　残重 1.4 克

有外郭，无内郭。1997 年南越国宫苑曲流石渠
遗迹⑩层出土。

西汉 "半两" 铜钱

钱径 2.5、穿宽 0.77、厚 0.13 厘米　残重 3.5 克

有内、外郭，背面素平。1997 年南越国宫苑曲流石渠遗迹⑩层出土。

西汉鎏金 "半两" 铜钱

钱径 2.32、穿宽 1.0、厚 0.08 厘米　重 1.4 克

无内、外郭，"两"字"从"部写成一横，钱型不规整。鎏金半两是皇帝用于赏赐给王族宗室或贵族大臣的一种特殊货币。1995 年南越国宫苑石构水池遗迹出土。

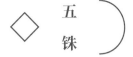

五铢

《汉书·武帝纪》："（元狩）五年（公元前118年）……罢半两钱，行五铢钱。"《汉书·食货志》又记载："有司言三铢钱轻，轻钱易作奸诈，乃更请郡国铸五铢钱。"这是五铢钱始铸年代，后世谓之"郡国五铢"或"元狩五铢"。五铢钱铸行五年后，由于私铸严重，《汉书·食货志》称："钱多轻，而公卿请令京师铸官赤仄，一当五，赋官用非赤仄不得行。"其后二年，赤仄钱贱。元鼎四年（公元前113年），汉武帝禁郡国铸钱，责令上林三官（三官即水衡都尉所属的钟官、技巧、辨铜三令丞，因水衡设在上林苑，故称上林三官）专铸，历史上首次由朝廷统一货币的铸造发行权。从汉武帝改由三官专铸五铢钱到汉平帝元始年间（公元1~5年），五铢钱在质地和钱型以及字体上基本保持一致，无大变化。

始建国元年（公元9年），王莽代汉，禁行五铢钱。后割据地方政权复铸五铢钱。东汉建武十六年（公元40年）复行五铢，对社会经济发展起积极作用。恒帝时期，货轻钱贱，剪轮钱等大量出现，私铸疯行。灵帝中平三年（公元186年），铸四出五铢，币制崩溃，劣币充斥市场。献帝初平元年（公元190年），董卓毁五铢钱，铸无郭的劣质小钱（面文五铢），导致物价飞涨，货币日趋实物化。

晋南朝时期，由于连年战乱，生产受到破坏，币制混乱，以沿用前朝五铢旧钱为主，兼以谷帛交易。

隋于开皇元年（公元581年）铸行五铢钱。据《隋书·食货志》记载，隋五铢"背面肉好，皆有周郭，文曰五铢，而重如其文，每钱一千，重四斤二两。"结束币制混乱状况，五铢钱通行全国。

五铢钱自汉武帝元狩五年（公元前118年）创制，至唐武德四年（公元621年）废止，行使了700多年后终于退出历史舞台。

南越国宫署遗址出土"五铢"钱共140枚。

西汉"五铢"铜钱

钱径 2.55、穿宽 1.04、厚 0.13 厘米　重 3.3 克

面有外郭，背有内、外郭，钱文字体瘦长、清晰，"五"字两笔近似直笔交叉，钱型规整。1997 年南越国宫苑曲流石渠遗迹 9 层出土。

西汉"五铢"铜钱

钱径 2.48、穿宽 1.1、厚 0.1 厘米　重 2.7 克

面有外郭，背有内、外郭，"五"字两笔近似直笔交叉，面穿上有一横符号。1995 年南越国宫苑石构水池遗迹⑤ b 层出土。

西汉"五铢"铜钱

钱径 2.6、穿宽 0.88、厚 0.13 厘米　重 3.2 克

面有外郭，背有内、外郭，钱文字体瘦长、清晰，"五"字两笔缓曲交叉。2004 年南越国宫署遗址（原儿童公园）⑫层出土。

东汉"五铢"铜钱

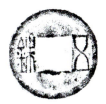

钱径 2.41、穿宽 0.86、厚 0.16 厘米　重 2.8 克

面有外郭，背有内、外郭，面穿下有半月形符号，"五"字两笔交叉后末端近平行。1995 年南越国宫苑曲流石渠遗迹 8 层出土。

东汉"五铢"铜钱

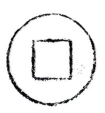

钱径 2.5、穿宽 0.9、厚 0.2 厘米　重 2.9 克

面有外郭、背有内、外郭，"五"字交叉两笔弯曲较甚。2003 年南越国宫署遗址（原儿童公园）⑫ 层出土。

东汉"五铢"铜钱

钱径 2.34、穿宽 1.0、厚 0.08 厘米　重 2.0 克

外郭被磨去，面穿上有一横符号，"五"字交
叉两笔末端平行，且上下两横出头。1997 年
南越国宫苑曲流石渠遗迹⑥层出土。

隋"五铢"铜钱

钱径 2.34、穿宽 1.0、厚 0.08 厘米　重 2.0 克

接穿连轮，"五"字直笔相交，左一竖画，"铢"字金旁三角内斜。2005 年南越国宫署遗址（原儿童公园）⑦层出土。

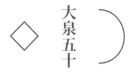

大泉五十

公元6年，王莽摄政，变汉制。其在位期间仿效周制进行四次币制改革，造成社会大动荡，给人民带来深重的灾难。

居摄二年（公元7年），始铸错刀、契刀和大钱五十，与五铢钱并行。错刀一值五千，契刀一值五百，大钱一值五十，五铢价值一。钱文篆文，为避王莽忌讳，把"钱"字改为"泉"。

始建国元年（公元9年），王莽实行第二次货币改革，禁铸错刀、契刀和五铢钱，作"小泉直一"小钱，与之前的"大泉五十"并行。

始建国二年（公元10年），王莽对原有币制进行彻底的改革，推行"宝货制"。把货币分为五物（金、银、铜、龟、贝）、六名（钱货、金货、银货、龟货、贝货、布货）、二十八品（金货一品、银货二品、龟货四品、贝货五品、钱货六品、布货十品）。它们之间的比值各不相同，给社会造成极大的混乱。

地皇元年（公元20年），"大泉五十"禁止使用。王莽钱币虽然种类繁多，但其中行使时间最长的就是"大泉五十"，期间屡有新铸，加之王莽改西汉三官铸钱为郡国铸钱，故钱文字体、大小、轻重极不统一。

南越国宫署遗址共计出土"大泉五十"铜钱13枚。

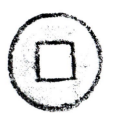

新莽"大泉五十"铜钱

钱径 2.64、穿宽 0.78、厚 0.21 厘米　重 3.8 克

有内、外郭，"大"字呈宽肩形，"五"字粗宽，钱型浑厚。2007 年南越国宫署遗址（原儿童公园）② 层出土。

新莽"大泉五十"铜钱

钱径 2.7、穿宽 0.82、厚 0.17 厘米　重 3.8 克

有内、外郭，"大"字呈窄肩形，"五"字纤细、瘦长。1995 年南越国宫苑石构水池遗迹 5ｂ 层出土。

元凤元年（公元14年），王莽进行第四次货币改革，铸行货布和货泉。据《汉书·食货志》记载："货布……重二十五铢，直货泉二十五。货泉……重五铢……枚直一。"货泉属小钱，面无郭或有郭，外有单郭或重郭等，铸造工艺精粗不一，大小轻重悬殊。

南越国宫署遗址出土"货泉"铜钱共19枚。

货
泉

新莽"货泉"铜钱

钱径 2.22、穿宽 0.75、厚 0.12 厘米　重 2.0 克

面有外郭无内郭，背面有内、外郭。1995 年南越国宫苑石构水池遗迹⑤ b 层出土。

新莽"货泉"铜钱

钱径 2.22、穿宽 0.75、厚 0.12 厘米　残重 2.0 克

正面和背面均有内、外郭，钱文字体为悬针篆，钱型较为规整。1995 年南越国宫苑石构水池遗迹⑤ b 层出土。

《三国志·吴书·吴主传》记载："（嘉禾）五年（公元236年）春，铸大钱，一当五百。诏使吏民输铜，计铜畀直。设盗铸之科。"钱文对读，篆书。此钱仿效王莽大钱而加以变化，莽之大钱文字细劲，此钱字体较为粗壮，有些背面还有星等钱文符号。

南越国宫署遗址出土"大泉五百"铜钱2枚。

三国"大泉五百"铜钱

钱径 2.9、穿宽 1.03、厚 0.18 厘米　重 4.9 克

正面和背面均有内、外郭，"大"字呈折肩形。
1995 年南越国宫苑石构水池遗迹⑤a 层出土。

大泉二千

《三国志·吴书·吴主传》载："赤乌元年（公元238年）春，铸当千大钱。"传世及考古发现的孙吴的千钱有"大泉当千"和"大泉二千"，钱文篆书，顺时针旋读，钱型宽大厚重。

南越国宫署遗址仅出土"大泉二千"铜钱2枚。

三国"大泉二千"铜钱

钱径3.3、穿宽1.2、厚0.31厘米　重8.2克

正面和背面均有内、外郭，"大"字呈圆肩形。1995年南越国宫苑石构水池遗迹5 a层出土。

大（太）平百钱

"大平百钱"即"太平百钱"。1980年，在四川成都市小通巷房管所建筑工地出土一批"大平百钱"铜钱和一件"大平百钱"铜母范，有学者研究认为其为三国蜀汉钱。钱文篆书，对读。

南越国宫署遗址出土"太平百钱"铜钱1枚。

三国"太平百钱"铜钱

钱径 1.93、穿宽 0.83、厚 0.08 厘米，重 1.2 克

正面和背面均有内、外郭，锈蚀较严重。2004 年南越国宫署遗址（原儿童公园）采集

唐高祖武德四年（公元621年），废"五铢"钱，铸行"开元通宝"钱，每一文重一钱，十钱重一两。唐代近三百年中，"开元通宝"是主要的流通货币，期间虽然也铸行"乾元重宝""乾元通宝"等，但因铸行时间短，发行量相对少，流通地域不够广等原因，无法动摇"开元通宝"在唐代货币体系中的主体地位。

"开元通宝"钱文为隶书体，对读，根据字体变化和背面有无钱文符号等，大体可以分为早、中、晚三期。早期自唐高祖武德四年至玄宗末年（公元621~755年），主要特征为背面光素，无钱文符号，钱文"开"字内的"井"为升井，"元"字首笔较短，"通"字走之部为三撇。中期自肃宗至德元年至文宗开成末年（公元756~840年），主要特征为背面多出现星、月等钱纹符号，"开"字内的"井"多为降井，"元"字首笔变长，"通"字走之部由三撇变为拐折。晚期自武宗会昌元年至哀宗末年（公元841~907年），主要特征为背面星、月等钱文符号种类繁杂，钱文字体相对变小，特别是会昌五年（公元845年）铸造的"开元通宝"，钱背多铸有"昌、京、蓝、丹、洛、兖、平、荆、襄、梁、兴、润、越、福、宣、洪、鄂、潭、益、梓、广、桂、永"等纪地名称，为地方铸钱。五代十国时期，一些地方政权依然铸行"开元通宝"钱，但多为铅钱。

"开元通宝"的发行改变了过去以重量为钱名的铢两体系，建立了以"通宝"为钱名的宝钱制。宝钱制自唐初一直沿用到清末民国初年，延继了1200多年，对中国货币文化的发展产生过深远的影响。

南越国宫署遗址出土"开元通宝"铜钱共计834枚，"开元通宝"铅钱1枚。

唐代早期"开元通宝"铜钱

钱径 2.34、穿宽 0.65、郭厚 0.13 厘米　重 2.8 克

有内、外郭，背面光素。钱文字体端庄，疏密有致。
"開"字升"开"，"元"字首横较短。2004 年
南越国宫署遗址（原儿童公园）⑩层出土。

唐代早期"开元通宝"铜钱

钱径 2.5、穿宽 0.62、郭厚 0.17 厘米　重 4.2 克

"開"字升"井"，"元"字首横较短。背面穿下
有斜月纹符号。2004 年南越国宫署遗址（原儿童
公园）⑦层出土。

唐代中期"开元通宝"铜钱

钱径 2.52、穿宽 0.72、郭厚 0.15 厘米　重 3.8 克

钱文规整、清晰，背面穿上有仰月纹符号。1997 年
南越国宫苑曲流石渠遗迹⑤层出土。

唐代晚期"开元通宝"铜钱

钱径 2.51、穿宽 0.65、郭厚 0.11 厘米　重 3.4 克

钱文字体规整、清晰，背面穿下有斜月纹符号。2004 年南越国宫署遗址（原儿童公园）⑤层出土。

唐代晚期"开元通宝"铜钱

钱径 2.36、穿宽 0.59、郭厚 0.17 厘米　重 3.9 克

外郭不规整，背面穿上有仰月纹，穿下为俯月纹符号。2004 年南越国宫署遗址（原儿童公园）唐代灰坑 H842 出土。

唐代晚期"开元通宝"铜钱

钱径 2.39、穿宽 0.61、郭厚 0.15 厘米　重 4.1 克

外郭不规整，背面穿下有"越"字。为唐代越州（今浙江绍兴）地方铸钱。2004 年南越国宫署遗址（原儿童公园）唐代灰坑 H842 出土。

唐代晚期"开元通宝"铜钱

钱径 2.47、穿宽 0.61、郭厚 0.15 厘米　重 4.3 克

内郭不甚规整，背面穿上有"兴"字。为唐代兴州（今陕西兴平）地方铸钱。2004 年南越国宫署遗址（原儿童公园）唐代灰坑 H842 出土。

唐代晚期"开元通宝"铜钱

钱径 2.35、穿宽 0.64、郭厚 0.14 厘米　重 3.4 克

边郭不规整，"开"字降"廾"，"元"字首部横长，与内郭相接。背面穿右有"广"字，为唐代广州地方铸钱。2004 年南越国宫署遗址（原儿童公园）唐代灰坑 H842 出土。

五代南汉国"开元通宝"铅钱

钱径 2.04、穿宽 0.83、郭厚 0.11 厘米　重 1.9 克

形制薄小，外郭较窄，穿面较宽。钱文缺笔简写，"开"内无"廾"字。或为五代南汉国烈宗刘隐奉梁为正朔时所铸。2007 年南越国宫署遗址（原儿童公园）9 层出土。

　　"安史之乱"后，唐朝经济衰落，百业凋零，为了筹措军费，填补财政亏空，唐肃宗于乾元元年（公元758年）铸行"乾元重宝"，一当"开元通宝"钱十。乾元二年又铸重轮"乾元重宝"钱，一当"开元通宝"钱五十。肃宗上元元年（公元760年）又规定一重轮"乾元重宝"当"开元通宝"钱三十。代宗宝应元年（公元762年）改一"乾元重宝"当"开元通宝"二，一重轮"乾元重宝"当"开元通宝"三。"乾元重宝"的发行虽然经过多次调整，依然不能解救朝廷财政困难，反而引发更为严重的通货膨胀，物价飞涨，民不聊生，怨声载道。唐代宗宝应元年四月停铸"乾元重宝"，并逐步退出流通领域。

　　南越国宫署遗址共出土"乾元重宝"铜钱40枚。

唐代中期"乾元重宝"铜钱

钱径 2.35、穿宽 0.67、郭厚 0.14 厘米　重 3.3 克

外郭不甚规整，钱文字体规整，背面光素。2004 年南越国宫署遗址（原儿童公园）唐代灰坑 H842 出土。

唐代中期"乾元重宝"铜钱

钱径 2.47、穿宽 0.61、郭厚 0.14 厘米　重 2.9 克

钱文字体规整清晰，背面穿下有一直月纹符号。2004年南越国宫署遗址（原儿童公园）唐代灰坑 H842 出土。

唐代中期"乾元重宝"铜钱

钱径 2.11、穿宽 0.6、郭厚 0.13 厘米　重 3.6 克

六角形花穿，钱文字体模糊，背面光素，钱型不规整。2004 年南越国宫署遗址（原儿童公园）10 层出土。

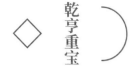

◇ 乾亨重宝

公元907年朱温灭唐后，中原地区进入五代更替的历史时期，中原以外各地则先后出现十个割据政权，史称五代十国。这一时期各国政权自谋其政，多沿袭使用唐钱，或承唐制而自行铸造货币，材质不一，有铜、铅、铁钱等，混杂流通使用。

后梁贞明二年（公元917年），原清海军节度使刘岩据有岭南在广州称帝，国号大越，改元乾亨，铸"乾亨重宝"铜钱。乾亨二年（公元918年），因国用不足，改铸"乾亨重宝"铅钱，十当铜钱一。钱文隶书、对读，背面光素，或有"邑""邕"等字，钱型不甚规整。南越国宫署遗址考古出土的391枚"乾亨重宝"均为铅钱，未见有铜钱，或与后主刘鋹时规定"城内用铅，城外用铜，禁其出入，犯者抵死，俸禄非特恩，不给铜钱"相关。

"乾亨重宝"钱的铸行，是继唐代"开元通宝"之后，岭南地区又一次大规模铸造钱币，并流通使用了近50年，对岭南地区的经济发展产生重要的影响。

五代南汉国"乾亨重宝"铅钱

钱径 2.56、穿宽 0.71、郭厚 0.1 厘米　重 4.2 克

钱文较为清晰，背面光素。2004 年南越国宫署遗址（原儿童公园）8 层出土。

五代南汉国"乾亨重宝"铅钱

钱径 2.42、穿宽 0.7、郭厚 0.12 厘米　重 3.9 克

边郭不甚规整，背面光素。1997 年南越国宫署遗址南汉宫池内出土。

五代南汉国"乾亨重宝"铅钱

钱径 2.52~2.66、穿宽 0.84、郭厚 0.12 厘米
重 4.5 克

外郭不规整，背面穿上有"邕"字。为南汉
邕州（今广西南宁）所铸。2003 年南越国宫
署遗址（原儿童公园）宋代房址 F99 出土。

唐国通宝

五代十国时期，南唐因在与北方后周的军事战争中战败，被迫割地赔款，以致"府藏空竭，钱货益少"，南唐中主李璟于交泰元年（公元958年）铸行"唐国通宝"钱。多为铜钱，也有铅钱，钱文有篆书、隶书和楷书三种，均为对读。

南越国宫署遗址出土"唐国通宝"铜钱1枚。

五代南唐国"唐国通宝"铜钱

钱径 1.8、穿宽 0.57、郭厚 0.09 厘米　重 1.2 克

有内、外郭，穿不甚规整，钱文为楷书，背面光素。2004 年南越国宫署遗址（原儿童公园）宋代房址 F323 出土。

67

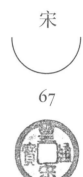

公元960年，赵匡胤取代后周建立宋朝，改元建隆，承袭后周宝钱制度，铸行"宋元通宝"，为国号加宝文的国号钱。有铜钱和铁钱，钱文隶书体，对读，背面大多光素，也有星、月纹等符号，版别较多。

南越国宫署遗址出土"宋元通宝"铜钱7枚。

宋元通宝

北宋"宋元通宝"铜钱

钱径 2.52、穿宽 0.59、外郭厚 0.1 厘米　重 3.2 克

钱文字体规整、清晰，背面光素。2005 年南越国宫署遗址（原儿童公园）⑦层下 G223 出土。

北宋"宋元通宝"铜钱

钱径 2.6、穿宽 0.56、外郭厚 0.14 厘米 重 3.6 克

钱文字体规整、清晰，背面穿下有一月纹符号。
2005 年南越国宫署遗址（原儿童公园）⑤层出土。

公元976年，宋太宗赵光义即位，改年号"太平兴国"，以期成就一番大事业，并以年号为钱名铸行"太平通宝"钱。钱文隶书体，对读，背面光素或有星、月纹等符号。

南越国宫署遗址出土"太平通宝"铜钱7枚。

太平通宝

北宋"太平通宝"铜钱

钱径 2.42、穿宽 0.57、外郭厚 0.13 厘米　残重 3.4 克

钱文字体规整、清晰，背面光素。2006 年南越国宫署遗址（原儿童公园）宋代房址 F355 出土。

北宋"太平通宝"铜钱

钱径 2.45、穿宽 0.57、外郭厚 0.09 厘米　重 2.5 克

外郭较宽，钱文字体较小，背面光素。2003 年南越国宫署遗址（原儿童公园）明代灰坑 H64 出土。

宋太宗淳化元年（公元990年）始铸。据《续资治通鉴长编》卷三十一记载："国初，钱文曰'宋元通宝'，乙未，又改铸'淳化元宝'钱，上亲书其文，作真、草、行三体。自后，每改元必更铸，以年号元宝为文。"钱文顺时针旋读，有楷、行和草书三种字体，开宋代多书体钱制之先河。

南越国宫署遗址出土"淳化元宝"铜钱6枚。

北宋"淳化元宝"铜钱

钱径 2.45、穿宽 0.55、外郭厚 0.1 厘米　重 3.1 克

钱文楷书体，字体清晰，外郭较宽，背面光素，钱型规整。2004 年南越国宫署遗址（原儿童公园）⑦层下灰坑 H790 出土。

北宋"淳化元宝"铜钱

钱径 2.28、穿宽 0.55、外郭厚 0.08 厘米　重 2.25 克

钱文楷书体，外郭较宽，背面内、外郭不甚规整。
1997 年南越国宫苑曲流石渠遗迹宋代灰坑 H26 出土。

北宋"淳化元宝"铜钱

钱径 2.37、穿宽 0.62、外郭厚 0.1 厘米　重 2.8 克

钱文行书体，背面光素。2003 年南越国宫署遗址（原
儿童公园）⑥层出土。

宋太宗至道元年（公元995年）始铸，钱文有楷书、行书和草书三种书体，顺时针旋读。背面大多光素，偶见有星纹符号。

南越国宫署遗址出土"至道元宝"铜钱11枚。

北宋"至道元宝"铜钱

钱径 2.49、穿宽 0.61、外郭厚 0.33 厘米　重 2.5 克

钱文行书体，背面光素。2005 年南越国宫署遗址（原儿童公园）⑥层下 G220 出土。

北宋"至道元宝"铜钱

钱径 2.51、穿宽 0.59、外郭厚 0.12 厘米　重 3.9 克

钱文草书体，外郭较宽，背面内、外郭，不甚规整。1997 年南越国宫苑曲流石渠遗迹④层出土。

北宋"至道元宝"铜钱

钱径 2.46、穿宽 0.55、外郭厚 0.14 厘米　重 4.1 克

钱文楷书体，字体清晰，外郭较宽，背面锈蚀较模糊。2004 年南越国宫署遗址（原儿童公园）④层出土。

北宋真宗赵恒咸平元年（公元 998 年）始铸，钱文楷书体，顺时针旋读。常见背面光素，偶见背面有星纹等符号。

南越国宫署遗址出土"咸平元宝"铜钱10枚。

咸平元宝

北宋"咸平元宝"铜钱

钱径 2.47、穿宽 0.55、外郭厚 0.14 厘米　重 3.7 克

字体清晰，外郭较宽、不规整，背面光素。2006 年南越国宫署遗址（原儿童公园）⑦层下 H2037 出土。

景德元宝

北宋真宗景德元年（公元 1004 年）始铸，为宋真宗在位期间的第二个年号钱。钱文楷书体，顺时针旋读。南越国宫署遗址出土"景德元宝"铜钱13枚。

北宋"景德元宝"铜钱

钱径 2.52、穿宽 0.57、外郭厚 0.13 厘米　重 3.5 克

字体清晰，背面光素。2006 年南越国宫署遗址（原儿童公园）7 层出土。

北宋真宗大中祥符元年（公元1008年）始铸，为真宗的第三个年号钱，有元宝和通宝两种。钱文楷书体，背面多为光素，偶见有星、月纹符号。

南越国宫署遗址出土"祥符元宝"铜钱16枚、"祥符通宝"铜钱12枚。

祥符通宝
祥符元宝

北宋"祥符元宝"铜钱

钱径 2.56、穿宽 0.55、外郭厚 0.14 厘米　重 3.7 克

钱文楷书体，外郭较宽，背面光素，锈蚀。2004 年南越国宫署遗址（原儿童公园）⑦层出土。

北宋"祥符通宝"铜钱

钱径 2.51、穿宽 0.56、外郭厚 0.12 厘米　重 3.1 克

钱文楷书体，字体清晰，背面光素，背面外郭较宽。
2005 年南越国宫署遗址（原儿童公园）⑦层下 G222 出土。

北宋真宗天禧年间（公元 1017~1021 年）铸行，为宋真宗在位期间的第四个年号钱。钱文楷书体，顺时针旋读。

南越国宫署遗址出土"天禧通宝"铜钱6枚。

北宋"天禧通宝"铜钱

钱径 2.35、穿宽 0.6、外郭厚 0.1 厘米　重 2.6 克

钱文字体清晰，背面光素，背面外郭较正面外郭要宽。
2003 年南越国宫署遗址（原儿童公园）⑥层出土。

天圣元宝

北宋仁宗天圣年间（公元1023~1032年）铸行。钱文有楷书和篆书两种书体，顺时针旋读。

南越国宫署遗址出土"天圣元宝"铜钱15枚。

北宋"天圣元宝"铜钱

  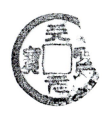 

钱径 2.51、穿宽 0.63、外郭厚 0.13 厘米　残重 3.7 克

钱文篆书体，"圣"字残缺，背面光素，背面外郭较正面外郭要宽。2004 年南越国宫署遗址（原儿童公园）⑦层出土。

北宋"天圣元宝"铜钱

钱径 2.46、穿宽 0.53、外郭厚 0.15 厘米　重 4.1 克

钱文楷书体，背面光素。2004 年南越国宫署遗址（原儿童公园）⑤层出土。

北宋仁宗明道年间（公元1032~1033年）铸行。钱文有楷书和篆书两种书体，顺时针旋读，背面光素。

南越国宫署遗址出土"明道元宝"铜钱2枚。

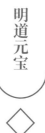

北宋"明道元宝"铜钱

钱径 2.51、穿宽 0.65、外郭厚 0.12 厘米　重 3.6 克

钱文篆书体，字体清晰，钱型规整，背面外郭比正面外郭要宽。2005 年南越国宫署遗址（原儿童公园）⑤层下 G221 出土。

北宋"明道元宝"铜钱

钱径 2.56、穿宽 0.66、外郭厚 0.1 厘米　重 3.0 克

钱文楷书体，背面锈蚀。2004 年南越国宫署遗址（原儿童公园）⑤层出土。

北宋仁宗景祐年间（公元 1034~1038 年）铸行。钱文有楷书和篆书两种书体，顺时针旋读，背面光素。

南越国宫署遗址出土"景祐元宝"铜钱8枚。

北宋"景祐元宝"铜钱

钱径 2.52、穿宽 0.6、外郭厚 0.11 厘米　重 3.7 克

钱文楷书体，字体清晰，背面外郭不规整。2004 年南越国宫署遗址（原儿童公园）④层下 F221 出土。

皇宋通宝

北宋仁宗宝元二年（公元1039年）始铸的非年号钱。钱文有楷书、隶书和篆书三种书体，对读。大多背面光素，少量背面有钱文符号。

南越国宫署遗址出土"皇宋通宝"铜钱52枚。

北宋"皇宋通宝"铜钱

钱径 2.45、穿宽 0.75、外郭厚 0.11 厘米　重 2.7 克

钱文篆书体，背面穿下有竖纹符号。2006 年南越国宫署遗址（原儿童公园）⑥层下 J343 出土。

北宋"皇宋通宝"铜钱

钱径 2.4、穿宽 0.63、外郭厚 0.1 厘米　重 2.76 克

钱文隶书体，字体清晰，背面外郭模糊。2003 年南
越国宫署遗址（原儿童公园）⑤层出土。

至和元宝
至和通宝

北宋仁宗至和年间（公元1054~1056年）铸行的年号钱，有通宝、重宝、元宝三种。钱文有楷书和篆书两种书体，对读或旋读，背面光素。

南越国宫署遗址出土有"至和通宝"铜钱1枚和"至和元宝"铜钱3枚。

北宋"至和通宝"铜钱

钱径 2.51、穿宽 0.68、外郭厚 0.1 厘米　重 3.4 克

钱文楷书体，对读，背面外郭不规整。2004 年南越国宫署遗址（原儿童公园）⑤层出土。

北宋"至和元宝"铜钱

钱径 2.37、穿宽 0.6、外郭厚 0.14 厘米　重 3.5 克

钱文篆书体，顺时针旋读，背面外郭较正面外郭要宽。
2004 年南越国宫署遗址（原儿童公园）⑦层下 G283 出土。

北宋"至和元宝"铜钱

钱径 2.4、穿宽 0.58、外郭厚 0.14 厘米　重 3.6 克

钱文楷书体，顺时针旋读，背面外郭较正面外郭要宽。2004 年南越国宫署遗址（原儿童公园）4 层出土。

北宋仁宗嘉祐年间（公元1056~1063年）铸行"嘉祐元宝"和"嘉祐通宝"年号钱。钱文有楷书和篆书两种书体，旋读或对读，背面光素。

南越国宫署遗址出土"嘉祐元宝"铜钱4枚、"嘉祐通宝"铜钱6枚。

北宋"嘉祐通宝"铜钱

钱径 2.48、穿宽 0.68、外郭厚 0.14 厘米　重 3.7 克

钱文楷书体，对读，背面边郭不明显。2006 年南越国宫署遗址（原儿童公园）⑦层出土。

北宋"嘉祐元宝"铜钱

钱径 2.37、穿宽 0.62、外郭厚 0.15 厘米　重 4.1 克

钱文楷书体，顺时针旋读，背面锈蚀。2004 年南越
国宫署遗址（原儿童公园）⑤层出土。

北宋英宗治平年间（公元1064~1067年）铸行的年号钱，有元宝和通宝。钱文有楷书和篆书两种书体，旋读或对读。

南越国宫署遗址出土"治平元宝"铜钱4枚、"治平通宝"铜钱1枚。

北宋"治平元宝"铜钱

钱径2.4、穿宽0.65、外郭厚0.1厘米　重2.85克

钱文楷书体，字体清晰，旋读，背面外郭较宽。
2003年南越国宫署遗址（原儿童公园）⑥层出土。

北宋"治平元宝"铜钱

钱径 2.36、穿宽 0.63、外郭厚 0.11 厘米　重 3.0 克

钱文篆书体，顺时针旋读。2004 年南越国宫署遗址（原儿童公园）③层下 F187 出土。

北宋"治平通宝"铜钱

钱径 2.5、穿宽 0.68、外郭厚 0.11 厘米　重 3.2 克

钱文楷书体，对读，背面外郭较正面外郭要宽。2003 年南越国宫署遗址（原儿童公园）④层出土。

北宋神宗熙宁元年（公元1068年）始铸"熙宁元宝"钱，四年（公元1071年）铸行"熙宁重宝"钱，一当"熙宁元宝"钱十。钱文有楷书和篆书两种书体，旋读。这一期间，适逢王安石变法，钱币铸造量大，版别复杂多样。

南越国宫署遗址出土"熙宁元宝"铜钱38枚、"熙宁重宝"铜钱21枚。

北宋"熙宁元宝"铜钱

钱径 2.41、穿宽 0.72、外郭厚 0.1 厘米　重 2.9 克

钱文楷书体，顺时针旋读，背面内、外郭不规整。2006年南越国宫署遗址（原儿童公园）⑦层下 G283 出土。

北宋"熙宁元宝"铜钱

钱径 2.38、穿宽 0.63、外郭厚 0.15 厘米　重 4.1 克

钱文篆书体，顺时针旋读，背面外郭较宽。2004 年南越国宫署遗址（原儿童公园）⑦层出土。

北宋"熙宁重宝"铜钱

钱径 3.21、穿宽 0.73、外郭厚 0.14 厘米　重 6.0 克

钱文楷书体，字体清晰，顺时针旋读，背面锈蚀。
2004 年南越国宫署遗址（原儿童公园）⑦层出土。

北宋"熙宁重宝"铜钱

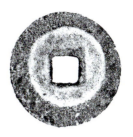

钱径 3.1、穿宽 0.68、外郭厚 0.17 厘米 重 7.6 克

钱文篆书体，字体纤细，背面外郭较宽。2004 年南越国宫署遗址（原儿童公园）F168 出土。

北宋神宗元丰年间（公元1078~1085年）铸行的年号钱。钱文常见有行书和篆书两种书体，隶书者较为少见，钱文顺时针旋读，背面大多光素。

南越国宫署遗址出土"元丰通宝"铜钱80枚。

元丰通宝

北宋"元丰通宝"铜钱

钱径 2.45、穿宽 0.66、外郭厚 0.12 厘米　重 3.5 克

钱文行书体，背面外郭较宽，有锈蚀。2008 年南越国宫署遗址（原儿童公园）⑦层下 G222 出土。

北宋"元丰通宝"铜钱

钱径 2.91、穿宽 0.59、外郭厚 0.21 厘米　重 8.9 克

钱文篆书体，字体清晰，背面穿上有星点符号。
2008 年南越国宫署遗址（原儿童公园）⑦层出土。

北宋哲宗元祐年间（公元1086~1094年）铸行的年号钱。钱文常见有行书和篆书两种书体，顺时针旋读。

南越国宫署遗址出土"元祐通宝"铜钱57枚。

北宋"元祐通宝"铜钱

钱径 2.42、穿宽 0.66、外郭宽 0.22、外郭厚 0.13 厘米　重 3.9 克

钱文篆书体，背面外郭较宽。2005 年南越国宫署遗址（原儿童公园）⑥层下 G218 出土。

北宋"元祐通宝"铜钱

钱径 3.05、穿宽 0.72~0.8、外郭厚 0.18 厘米　重 7.5 克

钱文行书体，字体清晰，背面内、外郭不规整。2004 年南越国宫署遗址（原儿童公园）⑤层出土。

北宋哲宗绍圣年间（公元1094~1098年）铸行的年号钱。钱文有篆书、隶书和行书三种书体，顺时针旋读，背面大多光素。

南越国宫署遗址出土"绍圣元宝"铜钱28枚。

北宋"绍圣元宝"铜钱

钱径 2.4、穿宽 0.65、外郭厚 0.11 厘米　重 2.4 克

钱文篆书体，字体清晰，背面外郭较宽。2003 年南越国宫署遗址（原儿童公园）⑥层出土。

北宋“绍圣元宝”铜钱

钱径 2.4、穿宽 0.65、外郭厚 0.12 厘米　重 3.6 克

钱文行书体，钱型规整。2003 年南越国宫署遗址（原
儿童公园）⑺层下 H236 出土。

北宋哲宗元符年间（公元1098~1100年）铸行的年号钱。钱文有行书、篆书、楷书和隶书四种书体，顺时针旋读。南越国宫署遗址仅出土篆书和行书体"元符通宝"铜钱9枚。

北宋"元符通宝"铜钱

钱径 2.42、穿宽 0.57、外郭厚 0.14 厘米　重 3.4 克

钱文篆书体，背面外郭不规整。2004 年南越国宫署遗址（原儿童公园）⑤层下 F171 出土。

北宋"元符通宝"铜钱

钱径 2.37、穿宽 0.55、外郭厚 0.14 厘米　重 3.7 克

钱文行书体。2004 年南越国宫署遗址（原儿童公园）
⑤层出土。

　　北宋徽宗崇宁年间（公元1102~1106年）铸造"崇宁"年号钱，有元宝、重宝之别。钱文有楷书和隶书两种书体，顺时针旋读。

　　南越国宫署遗址出土"崇宁元宝"铜钱1枚、"崇宁重宝"铜钱2枚。

北宋"崇宁元宝"铜钱

钱径 2.4、穿宽 0.48、外郭厚 0.12 厘米　重 3.6 克

钱文楷书体，字体模糊，背面锈蚀较严重。2005年南越国宫署遗址（原儿童公园）⑥层出土。

北宋"崇宁重宝"铜钱

钱径 3.24、穿宽 0.78、外郭厚 0.16 厘米　重 6.7 克

钱文楷书体，锈蚀严重。2005 年南越国宫署遗址（原
儿童公园）5 层下 H1491 出土。

北宋徽宗建中靖国元年（公元1101年）到崇宁年间（公元1102~1106年）铸造的钱币，是继仁宗"皇宋通宝"之后又一种非年号钱。钱文有篆书、隶书、楷书和行书四种书体，顺时针旋读。

南越国宫署遗址出土"圣宋元宝"铜钱20枚。

北宋"圣宋元宝"铜钱

钱径 2.46、穿宽 0.51、外郭厚 0.15 厘米　重 4.2 克

钱文行书体，字体清晰，背面锈蚀较严重。2006 年南越国宫署遗址（原儿童公园）⑦层出土。

北宋"圣宋元宝"铜钱

钱径 2.4、穿宽 0.64、外郭厚 0.14 厘米　重 3.8 克

钱文篆书体、背面外郭较宽。2004 年南越国宫署
遗址（原儿童公园）⑤层出土。

北宋徽宗大观元年（公元1107年）始铸。钱文为徽宗亲笔书写的瘦金体。

南越国宫署遗址出土"大观通宝"铜钱5枚。

北宋"大观通宝"铜钱

钱径 2.43、穿宽 0.61、外郭厚 0.15 厘米　重 4.4 克

钱文瘦金体，制作规整。2004 年南越国宫署遗址（原儿童公园）出土。

政和通宝

北宋徽宗政和年间（公元1111~1118年）铸行的年号钱。钱文有篆书、隶书和楷书三种书体，对读。"政"和"通"字有多种变化，版别丰富。

南越国宫署遗址出土"政和通宝"铜钱30枚。

北宋"政和通宝"铜钱

钱径2.5、穿宽0.58、外郭厚0.11厘米　重3.6克

钱文楷书体，字体清晰，背面光素。2005年南越国宫署遗址（原儿童公园）7层出土。

北宋"政和通宝"铜钱

钱径2.44、穿宽0.65、外郭厚0.14厘米　重3.1克

钱文篆书体，字体清晰，背面外郭不规整。2004年南越国宫署遗址（原儿童公园）7层出土。

北宋徽宗宣和年间（公元1119~1125年）铸行的年号钱。钱文有篆书、隶书和楷书三种书体，对读。

南越国宫署遗址出土"宣和通宝"铜钱14枚。

北宋"宣和通宝"铜钱

钱径 3.09、穿宽 0.65、外郭厚 0.16 厘米　重 6.6 克

钱文篆书体，字体清晰，制作规整。2004 年南越国宫署遗址（原儿童公园）⑥层出土。

北宋"宣和通宝"铜钱

钱径 2.43、穿宽 0.57、外郭厚 0.14 厘米　重 3.7 克

钱文隶书体，字体清晰，制作规整。2004 年南越国宫署遗址（原儿童公园）⑤层出土。

南宋高宗建炎年间（公元1127~1130年）铸行的年号
钱。钱文有篆书和楷书两种书体，对读，版别较多。
南越国宫署遗址出土"建炎通宝"铜钱共9枚。

南宋"建炎通宝"铜钱

钱径 2.94、穿宽 0.65、外郭厚 0.14 厘米　重 5.5 克

钱文篆书体，背面外郭不甚规整。2005 年南越国宫
署遗址（原儿童公园）⑦层下 H1591 出土。

南宋"建炎通宝"铜钱

钱径 2.85、穿宽 0.65、外郭厚 0.14 厘米　重 5.9 克

钱文楷书体，字体清晰，背面外郭不规整。2004 年南越国宫署遗址（原儿童公园）⑤层出土。

南宋高宗绍兴年间（公元1131~1162年）铸行的年号钱。钱文有楷书和篆书两种书体，顺时针旋读，背面大多光素。

南越国宫署遗址出土"绍兴元宝"铜钱16枚。

南宋"绍兴元宝"铜钱

钱径 2.76、穿宽 0.78、外郭厚 0.12 厘米　重 4.16 克

钱文楷书体、字体清晰，制作规整。2005 年南越国宫署遗址（儿童公园）⑤层下 G221 出土。

南宋"绍兴元宝"铜钱

钱径 2.75、穿宽 0.8、外郭厚 0.1 厘米　重 2.8 克

钱文篆书体，外郭较窄，背面外郭不规整。2005 年
南越国宫署遗址（原儿童公园）6 层下 G218 出土。

南宋孝宗淳熙年间（公元1174~1189年）铸行
的年号钱。钱文有楷书和篆书两种书体，顺时针旋
读，背面有星、月等符号。淳熙七年（公元1180年）
之后铸造的钱背有"柒"至"十六"等纪年符号。

南越国宫署遗址出土"淳熙元宝"铜钱6枚。

南宋"淳熙元宝"铜钱

钱径 2.89、穿宽 0.85、外郭厚 0.13 厘米　重 4.11 克

钱文楷书体，背面穿上有月纹符号。2007 年南越国
宫署遗址（原儿童公园）⑥层下 J343 出土。

南宋"淳熙元宝"铜钱

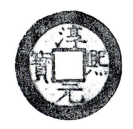

钱径 2.98、穿宽 0.67、外郭厚 0.17 厘米 重 7.4 克

钱文楷书体，字体清晰，外郭较宽，背面穿上有"捌"字纪
年符号。2007 年南越国宫署遗址（原儿童公园）6 层出土。

南宋宁宗嘉泰年间（公元1201~1204年）铸行的年号钱。钱文为楷书体，对读。背面有"元"至"四"字纪年符号。

南越国宫署遗址出土"嘉泰通宝"铜钱3枚。

南宋"嘉泰通宝"铜钱

钱径 3、穿宽 0.8、外郭厚 0.11 厘米　重 5.5 克

背面穿上有"三"字纪年符号。2003 年南越国宫署遗址（原儿童公园）⑤层下 H119 出土。

南宋"嘉泰通宝"铜钱

钱径 2.94、穿宽 0.77、外郭厚 0.16 厘米　重 7.9 克

背面外郭较宽，穿上有"四"字纪年符号。2003 年南越国
宫署遗址（原儿童公园）7 层下 CH4 出土。

南宋宁宗开禧年间（公元1205~1207年）铸行"开禧元宝"和"开禧通宝"两种年号钱。钱文楷书体，旋读或对读，背面有"元""二""三"纪年符号，或纪监地名。

南越国宫署遗址出土"开禧□宝"铜钱1枚。

南宋"开禧□宝"铜钱

钱径 3.01、穿宽 0.78、外郭厚 0.156 厘米　残重 4.8 克

钱文旋读，第三字残缺，未知是"元"或"通"字。背面穿上有"二"字纪年符号。2003年南越国宫署遗址（原儿童公园）⑤层下 H119 出土。

淳祐元宝

南宋理宗淳祐年间（公元1241~1252年）铸造的年号钱。钱文楷书体，顺时针旋读。背面有"元"至"一十二"纪年符号。

南宋"淳祐元宝"铜钱

钱径 2.4、穿宽 0.71、外郭厚 0.1 厘米　重 3.0 克

背面外郭较宽，穿上有"四"字纪年符号。2004 年南越国宫署遗址（原儿童公园）H819 出土。

南宋"淳祐元宝"铜钱

钱径 2.9、穿宽 0.74、外郭厚 0.14 厘米　重 5.7 克

背面穿上有"九"字纪年符号。2004 年南越国宫署遗址（原儿童公园）④层下 H710 出土。

南宋理宗宝祐元年（公元1253年）始铸的非年号钱。钱文顺时针旋读，版别较多，背面有"元"至"六"字纪年符号。

南越国宫署遗址出土"皇宋元宝"铜钱2枚。

南宋"皇宋元宝"铜钱

钱径 2.44、穿宽 0.64、外郭厚 0.11 厘米　重 3.4 克

钱文楷书体，字体清晰，背面外郭较宽，背面穿上有"三"字纪年符号。2003 年南越国宫署遗址（原儿童公园）④层出土。

咸淳元宝

南宋度宗咸淳年间（公元1265~1274年）铸造的年号钱。钱文楷书体，对读。版别较多。

南越国宫署遗址出土"咸淳元宝"铜钱1枚。

南宋"咸淳元宝"铜钱

钱径 2.3、穿宽 0.657、外郭厚 0.09 厘米　重 2.4 克

背面外郭不规整。2004 年南越国宫署遗址（原儿童公园）4 层下 H666 出土。

元

～

明

127

元代银锭

自唐代开始，文献中已有直接以银计价的记载，但未普及。及至宋代，因商品贸易发达，对货币需求量激增，且持续性的铜荒导致流通领域的铜钱严重不足，白银因价值高而稳定，加上对辽、金岁币输出的主要是白银，使得白银在宋代具有法定货币的地位。

元代，自政权建立之初即推行纸币，实行以银为本的货币政策。后因国用不足，滥发纸币，造成钞价大跌而变成废纸，使白银取代纸币和铜钱成为最重要的流通货币。元代以束腰元宝形银锭最为常见，官府铸造的银锭表面常錾刻有编号、来源、重量、经手官员、工匠姓名、铸造年份等铭文。在南越国宫署遗址一个元代灰坑内，埋藏有两个倒扣的陶碗，内有银锭18枚、银块7件，总重1321.58克。这批银锭或银块形制、大小不一，有束腰形、扇形、圆饼形等，有些表面上还戳印有人名，从形制、轻重分析应是私铸钱。

元代"陈忠"铭款银锭

银锭长 3.8、腰宽 2.5、高 1.4 厘米
印面长 1.7、宽 0.9 厘米　重 39.19 克

束腰元宝形，首尾翘起，底面平，锭面正中
戳印"陈忠"二字，阳文。2006 年南越国宫
署遗址（原儿童公园）⑤层下 H1993 出上。

元代"禹全"铭款银锭

银锭长 3.3、腰宽 1.9、高 1.4 厘米
印面长 2.2、宽 1.2 厘米 重 37.09 克

束腰元宝形，首尾翘起、底面平、锭面正中
戳印"禹全"二字，阳文。2006 年南越国宫
署遗址（原儿童公园）⑤层下 H1993 出土。

元代"梁孙"铭款银锭

银锭长 3.9、腰宽 2.7、高 1.8 厘米
印面长 1.4、宽 0.8 厘米　重 61.84 克

束腰元宝形，首尾翘起、底面略平、锭面正
中戳印"梁孙"二字，阳文。2006 年南越国
宫署遗址（原儿童公园）⑤层下 H1993 出土。

元代"何圣"铭款银锭

银锭长 3.8、腰宽 2.3、高 2.1 厘米

印面长 1.8、宽 1 厘米 重 78.69 克

束腰元宝形，首尾翘起，底面平，锭面正中
戳印"何圣"二字，阳文。2006 年南越国宫
署遗址（原儿童公园）⑤层下 H1993 出土。

元代"天华"铭款银锭

银锭长 3.3、腰宽 1.9、高 1.4 厘米
印面长 1.2、宽 0.8 厘米　重 39.14 克

束腰元宝形，首尾微上翘，底面略平，锭面
正中戳印"天华"字，阳文。2006 年南越国
宫署遗址（原儿童公园）⑤层下 H1993 出土。

元代 "昔" 字铭款银锭

银锭长 4.5、腰宽 2.7、高 1.5 厘米
印面长 1、宽 0.7 厘米　重 68.4 克

束腰元宝形，首尾翘起，底面略平，锭面正
中戳印 "昔" 字，阳文。2006 年南越国宫署
遗址（原儿童公园）⑤层下 H1993 出土。

元代银锭

长 4.6、腰宽 2.9、高 1.9 厘米　重 88.29 克

元宝形，首尾微上翘，底面略平。2006 年南
越国宫署遗址（原儿童公园）⑤层下 H1993
出土。

元代"䢞"字铭款银块

长径 1.9、短径 1.6、厚 0.4 厘米　重 6.54 克

不规则圆饼形，底面比表面径面要宽，表面
模印有"䢞"字铭款，阳文。2006 年南越国
宫署遗址（原儿童公园）⑤层下 H1993 出土。

元代银块

边长 4.0、弦长 5.3、厚 0.4 厘米　重 39.63 克

扇形，两侧有明显的切割痕，上、下两面较平，
弦边略弧收。2006 年南越国宫署遗址（原儿
童公园）⑤层下 H1993 出土。

◇ 大中通宝

元末明初朱元璋所铸的钱币。据文献记载，元至正二十一年（公元1361年），农民起义军领袖朱元璋在应天府（今南京）置宝源局，铸"大中通宝"钱。元至正二十四年（公元1364年），朱元璋称吴王，又在江西置货泉局铸"大中通宝"钱。明朝建立后，于洪武四年（公元1371年）再铸"大中通宝"钱。元末所铸的"大中通宝"钱背面光素，明代所铸的"大中通宝"钱背面多有"京""浙""广"等地名符号。

南越国宫署遗址出土"大中通宝"铜钱1枚。

元 "大中通宝" 铜钱

钱径宽 3.31、穿宽 0.62、外郭厚 0.21 厘米 残重 8.8 克

钱文楷书体、对读，背面光素。2005 年南越国宫署遗址（原儿童公园）④层下 F310 出土。

公元 1368 年，明太祖朱元璋即位，颁行"洪武通宝"钱，分为当十、当五、当三、当二、当一五等，当十重一两，当五重五钱，余下顺减。钱文楷书，对读，背面多有铸地和当值符号。

南越国宫署遗址出土"洪武通宝"铜钱 3 枚。

明"洪武通宝"铜钱

钱径 2.24、穿宽 0.58、外郭厚 0.11 厘米　重 2.5 克

钱文楷书体，背面光素。2003 年南越国宫署遗址（原儿童公园）②层下 S10 出土。

明"洪武通宝"铜钱

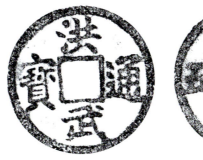

钱径 3.92、穿宽 0.89、外郭厚 0.24 厘米　重 15.2 克

钱文楷书体、字体端正、制作规整。背面有"广五"记铸地和记当值符号。
2007 年南越国宫署遗址（原儿童公园）④ 层出土。

明宣宗宣德八年（公元 1433 年）铸行的年号钱。钱文楷书体，对读，背面光素。

南越国宫署遗址出土"宣德通宝"铜钱 1 枚。

明"宣德通宝"铜钱

钱径 2.55、穿宽 0.4、外郭厚 0.14 厘米　重 5.0 克

铜钱锈蚀严重，字体模糊。2004 年南越国宫署遗址（原儿童公园）④层出土。

万历通宝

明神宗万历年间（公元 1573~1620 年）铸行的年号钱。钱文楷书体，对读，背面大多光素。

南越国宫署遗址出土"万历通宝"铜钱 13 枚。

明"万历通宝"铜钱

钱径 2.5、穿宽 0.47、外郭厚 0.14 厘米　重 4.2 克

钱文楷书体，字体清晰，背面光素。2004 年南越国宫署遗址（原儿童公园）④层出土。

万历四十八年（公元 1620 年）七月，明光宗朱常洛即位，定年号泰昌，九月，光宗卒，其子明熹宗朱由校即位。次年改元天启，补铸"泰昌通宝"钱。钱文楷书体，对读。

南越国宫署遗址出土"泰昌通宝"铜钱 2 枚。

明"泰昌通宝"铜钱

钱径 2.47、穿宽 0.53、外郭厚 0.11 厘米　重 3.1 克

背面外郭较宽，光素。2003 年南越国宫署遗址（原儿童公园）③层下 F68 出土。

天启通宝

明熹宗天启年间（公元 1621~1627 年）铸行的年号钱。钱文楷书体，对读。

南越国宫署遗址出土"天启通宝"铜钱 10 枚。

明"天启通宝"铜钱

钱径 2.53、穿宽 0.48、外郭厚 0.14 厘米　重 4.1 克

背面外郭较宽，光素。2004 年南越国宫署遗址（原儿童公园）③层下 F153 出土。

明思宗崇祯年间（公元 1628~1644 年）铸行的年号钱。钱文楷书体，对读。背面大多光素，也有监制的钱局符号。

南越国宫署遗址出土"崇祯通宝"铜钱 18 枚。

崇祯通宝

明"崇祯通宝"铜钱

钱径 2.43、穿宽 0.51、外郭厚 0.1 厘米　重 2.2 克

背面光素。2003 年南越国宫署遗址（原儿童公园）
④层出土。

明"崇祯通宝"铜钱

钱径 2.31、穿宽 0.5、外郭厚 0.08 厘米　重 1.6 克

背面穿上有"工"字，为工部监制的记钱局符号。
2003 年南越国宫署遗址（原儿童公园）③层下 F57 出土。

弘光通宝

南明福王朱由崧弘光年间（公元 1644~1645 年）铸行的年号钱，分小平钱和当二钱两种。钱文楷书体，对读。南越国宫署遗址出土"弘光通宝"铜钱 1 枚。

南明"弘光通宝"铜钱

钱径 2.52、穿宽 0.51、外郭厚 0.17 厘米　重 4 克

小平钱，背面光素。2004 年南越国宫署遗址（原儿童公园）③层下 F146 出土。

南明隆武二年（公元 1646 年），桂王朱由榔避难肇庆称帝，改元永历，铸行"永历通宝"钱。分小平钱、当二、当五、当十四等。钱文楷书体，对读。

南越国宫署遗址出土"永历通宝"铜钱 29 枚。

南明"永历通宝"铜钱

钱径 2.5、穿宽 0.52、外郭厚 0.14 厘米　重 3.4 克

小平钱，钱文字体古拙，背面光素。2004 年南越国宫署遗址（原儿童公园）③层下 F153 出土。

洪化通宝

明末清初，原明朝山海关总兵吴三桂降清后封平西王，后因杀南明永历帝晋封为平西亲王，与福建靖南王耿精忠、广东平南王尚可喜并称为三藩。三藩各有重兵，在用人、征税、铸钱等方面有自主权。康熙时下令撤藩，吴三桂举旗反清。公元1678年吴三桂病死，其孙吴世璠袭位，次年改元洪化（公元1679~1681年），铸行"洪化通宝"钱。钱文楷书体，对读。

南越国宫署遗址出土"洪化通宝"铜钱3枚。

清"洪化通宝"铜钱

钱径 2.31、穿宽 0.53、外郭厚 0.14 厘米　重 3.5 克

小平钱，背面外郭较宽，光素。2003 年南越国宫署遗址（原儿童公园）③层出土。

顺治通宝

始铸于顺治元年（公元 1644 年），早期钱背光素无纹，为仿明式钱，由户部宝泉局与工部宝源局铸造，发行量不多。

顺治十年至十七年（公元 1653~1660 年）铸一厘折银钱，于钱背穿左铸直书"一厘"两字，穿右标记铸局名称，宝泉局和宝源局则分别以"户""工"纪之。"一厘"指折银一厘，表示制钱同银两的法定比价为一千文钱值银一两。

顺治中后期，因各地方钱局铸钱不精，为加强币制管理，于顺治十四年（公元 1657 年）责令各地方钱局停止铸钱，仅由户部宝泉局独家开铸重达一钱四分的新钱，即"顺治通宝"背满文纪局名钱。之后工部宝源局也开始铸造这种新钱。钱背用满文，穿左纪"宝"字，穿右纪"泉"或"源"字局名。此次改制使清朝铸币摆脱了明朝钱铸币体系的影响而确立了自身的风格。

顺治十七年（公元 1660 年）停铸一厘钱，改由各省府钱局更铸新钱，背文铸各省府局名，穿左为满文，穿右为汉文，重一钱四分。"顺治通宝"钱奠定了有清一代的钱币基础，其中背满文纪局名钱和背满汉文纪局名钱的形式一直沿用至清末，影响深远。

南越国宫署遗址出土"顺治通宝"铜钱 14 枚。

清"顺治通宝"铜钱

钱径 2.73、穿宽 0.56、厚 0.17 厘米　重 6.1 克

背面光素，制作精整。2004 年南越国宫署遗址（原儿童公园）③层下 F193 出土。

清"顺治通宝"铜钱

钱径 2.46、穿宽 0.51、厚 0.13 厘米　重 3.9 克

背面穿右"陕"字，穿左直书"一厘"二字，"陕"是陕西
省铸钱的标记。2003 年南越国宫署遗址（原儿童公园）出土。

清"顺治通宝"铜钱

钱径 2.4、穿宽 0.52、厚 0.07 厘米　重 2.2 克

钱面"顺治通宝"为汉文,背面穿左为满文"宝"字,穿右"泉"字,为户部宝泉局铸钱标记。2000 年南越国宫署遗址(原儿童公园)出土。

清"顺治通宝"铜钱

钱径 2.63、穿宽 0.54、厚 0.11 厘米　重 3.8 克

背面穿左为满文"东"字,穿右为汉文"东"字,是山东省铸钱的标记,制作精美。2003 年南越国宫署遗址(原儿童公园)③层出土。

公元 1662 年，清圣祖玄烨即位，改元康熙，铸行"康熙通宝"钱。由户部、工部和各地方钱局铸造，户部宝泉局和工部宝源局制钱沿用顺治时期的背满文纪局的样式，地方制钱沿用背满汉文纪局样式。"康熙通宝"起初沿顺治旧制每文重一钱四分，以铜七铅三的比例配铸，康熙二十三年（公元 1684 年）减为一钱，铜料配比则改为铜六铅四，康熙四十一年（公元 1702 年）又改回一钱四分。

南越国宫署遗址出土"康熙通宝"铜钱 94 枚。

康熙通宝

清"康熙通宝"铜钱

钱径 2.35、穿宽 0.53、厚 0.1 厘米　重 2.9 克

背文为满文，穿左"宝"字，穿右"泉"字，是户部宝泉局铸钱标记。2003 年南越国宫署遗址（原儿童公园）②层下 S13 出土。

清"康熙通宝"铜钱

钱径 2.59、穿宽 0.49、厚 0.1 厘米　重 3.5 克

背面穿左为满文"广"字，穿右为汉文"广"字，是广东省铸钱的标记。顺治四年（公元 1647 年），清廷批准广东开局铸钱。康熙元年（公元 1662 年）令各省停铸，六年（公元 1667 年）又令各省复铸，后因缺铜等原因时铸时停。2004 年南越国宫署遗址（原儿童公园）③层下 S240 出土。

◇ 雍正通宝

公元 1723 年，清世宗胤禛登基后，采取了一系列整顿币制的措施，规定各局所铸钱币一律采用背满文纪局名式，即穿左为"宝"字，穿右为局名简称。此成为以后各朝定制，并规定各省只准设立一个钱局。雍正五年（公元 1727 年），将铸料配比改为铜铅各半。雍正十一年（公元 1733 年），则将钱重由康熙旧制的一钱四分减为一钱二分，此制沿用百余年不变。此外，还以滇铜替代洋铜为主要铸钱原料，解决了长期困扰清政府的铸钱用铜问题。

南越国宫署遗址出土"雍正通宝"铜钱仅 1 枚。

清"雍正通宝"铜钱

钱径 2.3、穿宽 0.55、厚 0.1 厘米　残重 2.4 克

背文为满文，穿左"宝"字，穿右"云"字，
是云南宝云局铸钱的标记。云南铜矿资源丰富，
顺治十七年开局之后至嘉庆年间，先后共开设
过十三个铸钱局，其铸钱规模和数量位居全国
各省之首。雍正年间，云南钱局改称宝云局，
所铸之钱除发行本省外，还运至四川、湖广等
地行使。2003 年南越国宫署遗址（原儿童公园）
②层下 F41 出土。

铸行于清高宗乾隆年间（公元 1736~1795 年），此外，嘉庆初年也有鼓铸。乾隆以前的清代制钱以铜、铅、锌配制，称为"黄钱"。乾隆五年（公元 1740 年）规定在铸钱时加入少量锡，所铸出来的铜钱色青，称为"青钱"。"乾隆通宝"发行时间长，铸量大，版式多，重量沿袭雍正十一年的规定，每文重一钱二分。

南越国宫署遗址出土"乾隆通宝"铜钱 232 枚。

乾隆通宝

清"乾隆通宝"铜钱

钱径 2.59、穿宽 0.48、厚 0.12 厘米　重 4.1 克

背面穿左与穿右分别为"宝""云"二字满文，为云南省宝云局铸钱标记。2002 年南越国宫署遗址（原儿童公园）②层出土。

嘉庆通宝

铸于清仁宗嘉庆年间（公元 1796~1820 年），基本承袭"乾隆通宝"之制。嘉庆元年九月谕令鼓铸新钱应按照部颁式样以铜六铅四配铸，故初铸时钱重一钱二分，钱文清晰规整。其后由于财政开支加大，各地钱局铸造时往往偷斤减两、多掺铅锡，以致所铸钱币轻小脆薄、文字模糊，制钱质量下降，民间称之为"局私钱"。南越国宫署遗址出土"嘉庆通宝"铜钱 49 枚。

清"嘉庆通宝"铜钱

钱径 2.54、穿宽 0.54、厚 0.12 厘米　重 3 克

背面穿左"宝"字、穿右"广"字满文，为广东省宝广局铸钱标记。2003 年南越国宫署遗址（原儿童公园）②层下 F25 出土。

铸于清宣宗道光年间（公元1821~1850年）。期间正值清王朝内外交困之际，鸦片的输入使得白银大量外流，银价陡增，而民间夷钱私钱盛行，钱价日贱。道光二十年（公元1840年）鸦片战争爆发后，各省钱局亏损严重，纷纷停铸，至道光二十一年仅剩宝泉、宝源、宝云、宝川等局勉强维持。从此时起，清朝的制钱制度日渐走向衰落。

南越国宫署遗址出土"道光通宝"铜钱50枚。

道光通宝

清"道光通宝"铜钱

钱径2.45、穿宽0.57、厚0.1厘米　残重2.3克

背面穿左"宝"字、穿右"云"字满文，是云南省宝云局铸钱标记。2003年南越国宫署遗址（原儿童公园）①层下J17出土。

咸丰通宝

铸于清文宗咸丰年间（公元 1851~1861 年）。这一时期，清政府同时面临西方列强的掠夺和太平天国运动的兴起，军费开支巨大，国库日益空虚。为解决财政危机，清政府于咸丰三年（公元 1853 年）开始铸行大钱，分通宝、重宝、元宝三种，面值自当五至当千递增，种类繁多，铸量失控，引起严重的通货膨胀。同时，因战乱影响，铜源短缺，各钱局难以正常运行。很多钱局即使开铸，也多偷工减料、粗制滥造，因而咸丰时期的制钱大都轻薄粗劣，或铸铁钱、铅钱以代替铜钱，币制混乱。

南越国宫署遗址出土"咸丰通宝"铜钱 4 枚。

清"咸丰通宝"铜钱

钱径 2.01、穿宽 0.62、厚 0.1 厘米　重 1.3 克

背面穿左"宝"字、穿右"桂"字满文，是广西宝桂局铸钱标记。钱形较小，重量较轻。2006 年南越国宫署遗址（原儿童公园）②层下 F353 出土。

清德宗光绪年间（公元 1875~1908 年）铸行的货币。"光绪通宝"为传统翻砂铸币，钱文以楷体为主，书法秀美挺拔，背文为满文纪局名，铸局较多，版别十分复杂。据史料记载，"光绪通宝"最初规定以铜六铅四的比例配铸，后改为铜 54%、铅 46%，但各省并没有严格按此执行，所铸铜钱成色多不足制，重量减少，铜钱贬值，通货膨胀，这加速了铜钱制度的崩溃，使其最终为铜元和银元所取代，退出了历史舞台。

受洋务运动影响，两广总督张之洞于光绪十三年（公元 1887 年）从英国购进造币机器铸造铜元和银元"光绪元宝"，其后各省亦纷纷仿效。钱币正面镌写"光绪元宝"，周缘有满文"光绪元宝"、铸造地名、货币价值等钱文。背面正中多为表示皇权的龙纹，外缘镌写英文铸地名和货币价值。

南越国宫署遗址出土"光绪通宝"铜钱 6 枚、"光绪元宝"铜元 4 枚。

清"光绪通宝"铜钱

钱径 2.41、穿宽 0.54、厚 0.08 厘米　重 2.8 克

背面穿左"宝"字、穿右"广"字满文，是广东宝广局铸钱标记。2003 年南越国宫署遗址（原儿童公园）①层下 J17 出土。

清"光绪元宝"铜元

钱径 2.83、厚 0.16 厘米 重 7.2 克

铜元正面圆圈内为汉文"光绪元宝",外缘上面为
满文"光绪元宝",左右为铸造地名"北洋"二字,
下面是"当制钱十文"。背面锈蚀严重。2005 年南
越国宫署遗址(原儿童公园)①层下 H1324 出土。

「十文」铜元

1912 年 1 月 1 日，中华民国临时政府在南京成立。同年 4 月，为纪念中华民国成立，南京造币厂首铸开国纪念币双旗"十文"铜元，以后各省亦纷纷仿造。双旗即十八星军旗与五色国旗。十八星旗底色为血红色，旗上中间有九角星，星角尖与角底都缀以黄星，共十八颗，代表当时十八个行省，故名铁血十八星旗。五色旗即红、黄、蓝、白、黑五色旗，代表汉、满、蒙、回、藏五族共和。双旗交叉寓意以铁和血推翻清王朝的斗争取得了胜利，建立了中华民国，五大民族大团结。嘉禾图则取丰岁足民之义，垂劝农务本之规，有稻穗图和麦穗图之分。

南越国宫署遗址出土"十文"铜元 1 枚。

中华民国"十文"铜元

钱径 2.82、厚 0.15 厘米　重 7.1 克

铜元正面十八星军旗和五色国旗交叉，两旗中间有带穗锦带并列下垂，两侧各有一折枝花。旗上隶书"中华民国"，旗下隶书"开国纪念币"；背面正中直书币值"十文"，亦为隶书，左右双禾拱卫，外环以双圈线珠，线珠外上缘为英文"THE REPUBLIC OF CHINA(中华民国)"，下缘为英文"TEN CASH（十文）"。2002 年南越国宫署遗址（原儿童公园）上层出土。

1912 年中华民国成立后，湖南革命军政府恢复旧银元局并更名为长沙造币厂，开始铸造民国铜币，以嘉禾图案替换了清末铜元上象征皇权的龙纹，币值主要有十文和二十文两种，版式繁多。最初，十文铜元上的计值文字依清末的"当制钱十文"，后改为"当十铜元"，其意即每枚铜元当制钱十文。

南越国宫署遗址出土"当十铜元"1枚。

中华民国"当十铜元"

钱径 2.83、厚 0.158 厘米　重 7 克

铜元铸造工艺精细，币面周圈内十八星军旗和五色国旗交叉，双旗上方有十二瓣扁圆菊花，圈外上缘隶书"中华民国"，下缘隶书"当十铜元"以记值，两侧边缘各有一交叉折枝花；背面周圈内为嘉禾麦穗图案，圈外上缘为英文"THE REPUBLIC OF CHINA（中华民国）"，下缘为英文"TEN CASH（十文）"。1997 年南越国宫苑遗迹①层下 J47 出土。

"香港一文"铜币是英国殖民者于 1863~1865 年在香港发行的货币。第一次鸦片战争结束后，英国强占了我国香港地区，最初香港地区使用的大多是清朝的银两和制钱，1863 年殖民当局始发行第一套机制辅币"香港一文"。这套铜币最初由伦敦英国皇家造币厂代铸，至 1864 年方在香港本地兴建铸币厂铸币，地点在今铜锣湾加宁街。铜币的设计仿照中国古钱，保留了中国古钱的圆孔和内郭，币面铸有中英文面值、铸造年份以及当时在位的英国女王名字缩写和王冠图案等。

南越国宫署遗址出土"香港一文"铜币 1 枚。

清"香港一文"铜币

钱径 1.53、厚 0.07 厘米　重 0.9 克

正面内郭中为一圆孔，四周以汉字记面值"香港一文"；背面内郭上方有王冠图案，下方是当时英国维多利亚女王名字"VICTORIA"的缩写"VR"，外侧上缘为英文"HONG KONG（香港）"，下缘为英文"ONE MIL（一密耳，即0.1 分）"，左右两边记有铸造年份"1865"。2006 年南越国宫署遗址（原儿童公园）②层下 F353 出土。

越南（古称"安南"）自丁朝太平年间（公元 970~979 年）开始效仿中国铸造圆形方孔铜钱，钱文均为汉字。后黎朝太宗绍平年间（公元 1434~1439 年）铸行"绍平"年号钱，有通宝、圣宝、丰宝和元宝四种，钱文有楷书、隶书和篆书等字体，背面多光素无文，制作较为规整。

南越国宫署遗址出土"绍平元宝"铜钱 1 枚。

绍平元宝

越南后黎朝"绍平元宝"铜钱

钱径 2.4、穿宽 0.62、厚 0.1 厘米　重 2.9 克

钱文篆书体，背面外郭较宽，背面光素。2004 年南越国宫署遗址（原儿童公园）③层下 F187 出土。

景兴通宝

为越南后黎朝景兴年间（公元 1740~1786 年）所铸。这是越南货币史上铸造时间最长、品种最多、数量最大的一种钱币。背面除光素或有星纹符号外，尚有干支纪年、纪地、纪方位、数字等，品类繁多。由于当时安南战乱频发、经济落后，故而所铸铜钱大多铜质不精、制作粗陋。除通宝钱外，景兴年间还铸有巨宝、大宝等十多种宝号钱，大小轻重不一，面背文号不尽相同。其中多种在我国民间广为流传，当时称"夷钱""皮钱""外国轻钱"或"水上漂（意即钱身轻薄可浮于水面）"，数量极多，清政府久禁不绝。

南越国宫署遗址出土"景兴通宝"铜钱 2 枚。

越南后黎朝"景兴通宝"铜钱

钱径 2.4、穿宽 0.56、厚 0.13 厘米　重 4.1 克

有内、外郭，背面光素，制作粗糙。2006 年南越国宫署遗址（原儿童公园）②层出土。

公元 1788 年（清乾隆五十三年），越南西山起义军首领阮惠（又作阮文惠，后改名阮光平）称帝，建元光中，次年受清政府册封为安南国王。阮惠在位期间铸有"光中通宝"和"光中大宝"铜钱。其中，"光中通宝"钱铸于 1788~1792 年间，背面多光素，也有部分面背重轮者，钱形大小杂陈，制作粗糙。晚清时期，"光中通宝"曾在中国闽广地区大量私自流通，民间甚至有私铸此钱者，严重扰乱了货币市场流通秩序，清廷屡禁不绝。

南越国宫署遗址出土"光中通宝"铜钱 1 枚。

越南西山朝"光中通宝"铜钱

钱径 2.28、穿宽 0.64、厚 0.06 厘米　重 1.4 克

面背重轮，制作粗劣。2006 年南越国宫署遗址（原儿童公园）⑵层下 F353 出土。

安□通宝

疑为安南钱，年代与帝属等有待考证。

越南"安□通宝"铜钱

钱径 2.41、穿宽 0.64、外郭厚 0.1 厘米　钱重 2 克

钱文楷书体，对读，字体模糊，第二字难以释读，制作粗陋
2003 年南越国宫署遗址（原儿童公园）工层下 H8 出土

后　记

　　南越国宫署遗址自 1975 年发现以来，先后经历了三个阶段的发掘：一是 1975 年至 1998 年配合城市基本建设进行的抢救性发掘，发掘出南越国宫苑的水池和曲流石渠遗迹；二是为勘查了解南越国宫殿区的分布位置，2000 年在原儿童公园进行考古试掘，发掘出南越国的一号宫殿基址；三是自 2002 年以来对南越国宫署遗址（原儿童公园）进行大规模的主动性考古发掘，清理出西汉南越国和五代十国南汉国的宫殿基址以及其他朝代的文化遗存。发掘证实，遗址所在地是广州城市的核心区，南越国宫署遗址是广州建城 2200 多年发展的重要历史见证。上述考古发掘的阶段性成果大多已在期刊上以简报或专题发掘报告等形式陆续发表，受到社会各界的高度关注。为配合南越国宫署遗址考古发掘资料整理工作，更好地宣传广州深厚的历史文化底蕴，服务社会，我们计划编纂南越国宫署遗址出土钱币、瓦当、陶（瓦）文等系列图录。

　　本图录由南越王宫博物馆、中国社会科学院考古研究所、广州市文物考古研究院共同编写。序言由全洪执笔，概述由李灶新执笔，战国~隋部分由范彬彬执笔，唐~五代十国部分由温敬伟执笔，宋代部分由谭文执笔，元~明部分由乐新珍执笔，清代~民国及越南钱币部分由詹小赛执笔，最后由李灶新统稿。黄兆强拓印了钱币拓片，袁春霞拍摄了文物照片，谭文、许焱晖、黎振安负责钱币整理、清洗和保护等工作。在此，我们谨向所有参与、帮助、关心和支持南越国宫署遗址发掘、资料整理和本图录编辑的领导、专家、学者和同仁致以诚挚的谢意！

　　南越国宫署遗址的保护和研究有赖于国内外学者的持续关注和深入参与，我们希望这本书的出版能起到添砖加瓦的作用。囿于学识水平，本书肯定有不少疏漏，尚祈方家批评指正。